자신에게 엄격한 사람들을 위한 심리책

자신에게 엄격한
사람들을 위한 심리책

**나도 모르게
나를 힘들게 하는
10가지 생각
비우기 연습**

오언 오케인 지음
정지현 옮김

갤리온

자신의 내밀한 이야기를 들려주고
행복해지기 위한 여정에 기꺼이 동참해준
나의 모든 내담자에게 이 책을 바칩니다.

당신은 행복해질 자격이 있습니다

'어제보다 오늘 조금 더 행복해질 수 있을까?'

이 책을 펼친 당신은 아마 지금보다 조금 더 행복한 삶을 꿈꾸는 사람일 것이다. 특별한 일들로 가득할 것 같았던 인생이 생각보다 지루하고 힘들지라도 우리는 지금보다 아주 조금씩 더 행복해질 수 있다. 당신을 붙잡고 있는 것들을 내려놓는다면 말이다.

나는 우리가 일상적으로 마주하는 문제 상황과 감정, 그리고 마음을 치료하는 심리치료사다. 런던에 위치한 영국 국민보건서비스NHS에서 정신건강 분야의 임상 책임자로 일하기도 했고, 임종이 머지않은 말기 환자들을 돌보면서 지난 25년간 고통에 허덕이는 사람들과 마주해왔다. 하지만 굳이 직업 때문이 아니더라도 나는 고통에 낯설지 않은 사람이었다. 애초에 내가 심리치료사가 된 이유도 나를 괴롭히는 고통과 이별하고 싶었기 때문이다. 행복이 어렵기만 했던 내가 돌고 돌아 『자신에게 엄격한 사람들을 위한 심리책』을 쓰기까지 참 오랜 시간이 걸렸다.

나는 북아일랜드의 중심 도시인 벨파스트Belfast의 한 평범한 가정에서 자랐다. 가정환경은 평화로웠지만 나를 둘러싼 시공간은 그야말로 최악이었다. 20세기 후반기 내내 가톨릭교도와 개신교도 사이에 분쟁이 벌어진 북아일랜드 한복판이 바로 내가 나고 자란 곳이었기 때문이다. 총탄이 날아들고 나날이 사망자가 늘어가는 전쟁 통에 어린 시절을 보낸 나는 말로는 다 설명하기 어려운 트라우마를 갖게 되었다.

학창 시절이라고 다를 바 없었다. 늘 또래 아이들과 어울리지 못하고 왕따를 당하는 등 아이들 사이에서 겉돌기 일쑤였다. 나중에서야 내가 남들과 다르다고 느낀 이유가 나의 성 정체성 때문임을 알았다. 그랬다. 나는 아일랜드인이면서 가톨릭교도였으며, 그리고 동성애자였다. 이 세 가지 정체성을 갖고 북아일랜드에서 1970년대, 1980년대, 1990년대를 보낸다는 게 어떤 것이었을지는 구태여 설명하지 않아도 짐작할 수 있으리라.

그러나 전쟁 속에서도 사랑은 시작되고 탄피 무덤 속에서도 꽃이 핀다. 내게는 그런 끔찍한 환경 속에서 버티게 해준 사람들이 있었다. 그 덕분에 나는 하루하루 숨 쉬고 공부하고 한 뼘씩 더 자랄 수 있었다. 아일랜드를 떠나 런던으로 거처를 옮긴 20대 초반까지. 런던에서 나는 드디어 운명적인 파트너 마크를 만났고, 그가 만들어준 다정한 울타리 안에서 아픈 과거를 발판 삼아 배우고, 경험을 쌓기 위해 세계를 돌며 부단히 애썼다. 많은 것을 잊고 내려놓았으며, 그 빈자리를 새로운 배움과 경험으로 가득 채웠다. 그렇게 모든 순간 정성을 다해 사람들을 만나고 고통과 부딪히면서 '행복하다는 것'이 무엇인지, 그리고 어떻게 행복을 일상으로 만들 수 있을지 조금씩 깨닫기 시작했다.

나는 여전히 고통 속에서 길을 찾지 못하는 사람들을 매일 만난다. 삶은 우리에게 가혹한 시련을 안겨주기도 한다. 원치 않게 다가온 불행을 감당해야 할 때도 있다. 어린 시절의 내가 그랬던 것처럼 말이다. 하지만 이런 상처가 꼭 외부에서 오는 것은 아니다. 만일 자신도 모르는 사이에 스스로 고통을 더하고 있다면 어떨까?

심리치료사로 일하며 만났던 수많은 내담자들이 그러했다. 특히 자신에 대한 기대가 클수록, 매사 완벽하려고 하는 사람일수록 이런 경향이 더 강했다. 유독 자신에게만 엄격한 사람들일수록 자신에게 닥친 문제를 쉽게 극복하지 못했다. 비록 삶이 주는 시련은 밀어낼 수 없을지라도, 적어도 스스로 더하고 있는 고통은 얼마든지 없앨 수 있다. 상황을 뒤집을 힘은 그 누구도 아닌 자신에게 있다. 나 역시 여전히 행복이 어렵기만 하다. 하지만 우리가 변하려고 할 때 반드시 행복해질 수 있다고 믿는다. 이는 심리치료 전문가로서의 진단이자 나의 경험담이기도 하다.

　나는 독자들에게 솔직하고 싶다. 행복을 찾는 확실한 방법이나 즉효약 같은 건 이 책에 없다. 나는 개인으로서도, 심리치료사로서도 그런 게 가능하다고 믿지 않는다. 내 관심사는 고통의 원인을 찾아 그것을 어떻게 내려놓고 앞으로 나아갈 수 있는지 가르쳐줌으로써 더 행복하고 충만한 삶으로 이끌어주는 일이다.

　이 책을 읽는 것만으로 당신의 인생이 순식간에 바뀌지는 않는다. 하지만 내가 이 책에서 제시한 '내려놓음'의 해결책과 함께라면 우리의 일상은 조금 더 행복해질 수 있다. 우리가 원하는 건 백만장자의 행복이 아니다. 그저 걱정과 우울의 그늘에서 벗어나 조금 더 즐겁고 명랑하고 기분 좋은 하루를 보내는 것. 우리가 바라는 건 딱 이 정도의 행복이다. 마음 편히 살고 싶은 당신이 이 처방전을 받아들인다면 조금 더 행복에 가까워질 수 있다.

　사람들은 종종 내게 묻는다. "행복이란 무엇일까요?" 그러면 나는 "글쎄요"라고 답한다. 나는 행복을 이야기할 때 '행복은 어떤 것입니다'라는 분명한 정의를 내리고 싶지 않다. 그 누구도 행복을 정의할 수 없기 때문이다. 행복한 삶이 어떤 모습인지는 자기 자신만이 안다. 누군가에게 행복은 '자유로움'일 수 있고, 누군가의 행복은 '홀가분함'일 수 있다. 그리고 행복은 하나일 수도 있고 여럿일 수도 있다.

나는 나 자신이나 주변 사람들을 편하게 대할 때 가장 행복하다. 존재 자체로 서로에게 '편안함'을 주는 것 말이다. 떠올리기만 해도 흐뭇한 미소와 마음에 여유가 피어오르는 기분이 들 때. 하지만 일상이 항상 그런 상태인 것은 아니다. 때때로 행복이 잠깐 자리를 비우기도 한다. 하지만 나는 감사하게도 행복을 되찾는 방법을 알고 있다. 바로 그 방법이 내가 이 책에서 전하고 싶은 것이다. 당신에게 행복이 어떤 의미이건 다시 행복의 길로 돌아가는 방법을 말이다. 하지만 행복으로 돌아가는 길에는 여러 장애물이 있을 것이다. 이 장애물에서 벗어나려는 노력과 의지가 반드시 필요하다.

지금부터 이 책을 통해 당신과 함께 '조금씩 행복에 가까워지는 법'에 대해 알아볼 것이다. 이를 위해서는 우리가 '무엇 때문에 괴로워하는지'에 대해 먼저 살펴봐야 한다. 지금까지 내가 마주했던 내담자들의 사연은 제각각이었지만, 그들의 행복을 방해하는 장애물은 거의 비슷했다. 새로운 도전을 시도할 때마다 발목을 붙잡는 과거부터 꼬리에 꼬리를 무는 부정적인 생각들, 한번 시작하면 멈출 줄 모르는 걱정, 그리고 인간관계, 원망하고 비교하는 습관, 불안한 미래까지. 나는 오랜 상담 경험을 바탕으로 행복을 방해하는 열 가지 주제를 찾아냈고, 각 주제별로 그 원인을 분석하고 해결책을 제시해볼 것이다. 해결책을 아는 것만큼 문제의 원인을 아는 것 역시 중요하다. 따라서 지금껏 그 문제들이 당신에게 어떤 심리적 고통을 안겨주었는지도 자세히 안내할 것이다. 아무도 모르게 우리의 일상이 되어 행복을 가로막고 있는 이 문제를 하나씩 해결해 나갈 때 우리는 조금 더 행복해질 수 있다고 믿는다.

준비물은 필요치 않다. 단지 조금 더 행복해지고 싶다는 마음가 짐과 생각할 시간을 내기만 하면 된다. 하루하루 일기 쓰듯 떠오르는 생각을 적고 해결책을 실천하면서 일어난 변화를 기록해보는 방법도 추천한다. 이 책에 등장하는 내담자들의 사연과 사례 연구 속 이름 및 세부적 내용은 조금씩 손을 보았다. 사생활 보호는 물론 당사자들의 이야기를 존중하는 뜻에서다.

나는 진심으로 이 책이 당신의 삶을 바꾸고, 행복을 가져다줄 통찰을 전해줄 것이라 믿는다. 또한 책 속의 사연과 해법에 도움을 받을 수 있기를 바란다. 하지만 너무 힘이 들 때는 전문가에게 도움을 청하는 것이 좋다.

이 책은 그동안 나도 모르게 나를 힘들게 했던 열 가지 생각들을 인식하고, 그것들을 어떻게 내려놓을 것인지 그 방법을 전해준 다. 유독 자기 자신에게만 엄격해 스스로 고통 받고 있는 당신이 부디 마음의 짐을 내려놓고 조금 더 행복한 일상을 살 수 있기를 바란다.

이제 모든 준비는 끝났다. 지금보다 더 행복해지기 위한 여정을 떠나보자.

차례

1장

이미 지나간 일을
깔끔하게 잊는 법

과거의 상처를 받아들이되, 그것이 내 미래를 결정하거나 행복을 막을 수 없다고 스스로 판단하고 결정했던 그 순간이 내 인생의 터닝 포인트였다. 그러기 위해 내게 가장 필요한 것은 '내려놓는 연습'이었다. 융통성 있는 새로운 법칙을 배우고 무엇보다 나 자신을 받아들이고 사랑하는 법을 배워야 했다. 나에게 행복은 정말로 '내면의 작업'이다.

일단 일어나볼까요?

"심리상담은 말짱 헛짓거리야. 앉아서 불평밖에 더해?"

우울증이 심한 열 명의 내담자들과 함께했던 12주 집단 심리치료가 막 4주 차에 접어들었을 때였다. 갓 이혼한 두 아이의 엄마 안젤라가 불쑥 화를 내며 소리쳤다. 심리상담은 개한테나 줘버리란 얘기였다. 그러자 나머지 아홉 명의 내담자들은 웅성거리며 '맞아, 맞아' 맞장구를 치기 시작했다. 오 마이 갓!

당시만 해도 나는 심리치료사 자격증을 딴 지 얼마 되지 않은 새내기 심리치료사였다. 모든 게 서툴렀지만 그중에서도 집단 심리치료는 내가 넘어야 할 가장 큰 산이었다. 무슨 의식이라도 치르 듯 나는 심리치료 시간 전에 의자를 크게 빙 둘러놓고 라벤더 향초를 켜두었다. 괜찮은 심리치료사처럼 보이고 싶어 그럴싸한 카디건까지 챙겨 입고 준비한 자리였다. 오늘 심리치료 시간에 부디 아무 일도 일어나지 않기를 기도하며 말이다. 하지만 세상일이 그렇게 호락호락하지 않듯, 이날의 집단 치료는 초짜 심리치료사가 해결하기에 너무나 어려운 상황으로 흘러가기 시작했다. 눈앞에 총체적 난국이 펼쳐진 것이다.

의자를 채우고 앉은 내담자들은 세상에 대한 분노와 환멸, 그리고 절망으로 가득 차 있었다. 그들에게 가장 좋은 먹잇감은 나였다. 분노하는 내담자들 사이에서 이러지도 저러지도 못하며 향초에서 피어오르는 라벤더 향을 맡고 있던 그때, 불현듯 머릿속에서 전구가 반짝 켜지며 아이디어 하나가 떠올랐다.

"다들 자리에서 한번 일어나보실까요?"

내 머릿속에 떠오른 아이디어는 바로 '자리에서 일어나는 것'이었다. 모두를 일어나게 한 후 대체 뭘 할 생각인지 나조차도 모르는 상태였다. 하지만 모두를 일으켜 세운 이상 뭐라도 해야만 했다. 나는 빠르게 머리를 굴리기 시작했다. 서둘러 답을 찾아야 했다. 호키포키Hokey Pokey 하면서 즐겁게 춤추기나 그룹 포옹 따위가 통할 분위기는 아니었다. 우울하고 화가 가득한 열 명의 내담자를 상대하는 것은 절대로 쉬운 일이 아니다. 호랑이굴에 들어간 토끼, 그게 딱 나였다.

그런데 바로 그때부터 우리를 감싸는 공기가 달라지기 시작했다. 일어선 사람들이 갑자기 조용해지고 호기심 어린 분위기로 바뀐 것이다. 이 타이밍을 놓치지 않고 뭔가를 해야 했다. 뭔가를 해보는 것만이 새로운 가능성을 열어줄 테니까. 나는 얼른 주위를 둘러봤다. 쓸 만한 도구라고는 나무가 내다보이는 전망 좋은 창문, 그리고 그 창문 반대편을 지키고 서 있는 칙칙하고 허술한 벽뿐이었다. 정반대되는 두 가지 풍경을 활용해보기로 했다.

'그래, 창문은 희망적인 미래, 칙칙한 벽은 우울함을 불러일으키는 과거의 문제를 상징하는 것으로 해보자.' 나는 창문과 벽이 각각 무엇을 상징하는지 설명하면서 사람들을 한 줄로 세웠다. 그러고는 이렇게 물어봤다.

"앞으로 상담이 이 벽과 창문 중에서 어느 쪽에 집중하는 게 좋을까요? 창문인가요, 벽인가요? 원하는 쪽을 바라보세요."

그러자 마법 같은 일이 벌어졌다. 거의 동시에 모든 내담자가 창문 쪽으로 돌아선 것이다! 사람들이 일제히 창밖의 나무를 바라보자 묘한 침묵이 감돌았고, 분위기는 아주 차분해졌다. 나는 질문을 하나 더 해보기로 했다.

"그렇다면 평소에 당신은 어느 쪽을 향해 서 있는 것 같나요? 창문인가요, 벽인가요?"

그러자 이번에도 모두가 조금도 망설이지 않고 거의 동시에 벽을 쳐다보았다. 다들 아무 말 없이 벽을 바라보았다. 잠깐의 침묵이 이어졌고, 내가 물었다.

"벽을 바라보는 시간이 많으면 어떤 문제가 생길까요?"

이번에 답한 사람은 평소 말수가 거의 없는 스물네 살의 청년 존이었다. 존은 사고로 심각한 부상을 입어 선수 생활을 그만둔 프로 운동선수였다. 그는 더 이상 운동을 할 수 없게 된 자신의 현실에 절망하며 좀처럼 앞으로 나아가지 못하고 있었다. 그런 그가 나직한 목소리로 말했다.

"계속 벽만 보고 있으면 다가올 미래를 등지고 있는 셈입니다."

그의 말이 끝나자 모두가 서서히 창문 쪽으로 고개를 돌리기 시작했다. 그렇게 우리는 남은 상담 시간 동안 이 어두운 벽과 밝은 창문 사이에서 어떻게 해야 할지, 그 문제에 집중해보기로 했다. 어두운 벽이 항상 그 자리에 있다고 해도 그 벽의 존재를 무시하거나 부인하지 않을 수 있는지, 어두운 과거의 경험에서 배울 것은 없는지, 그러면서 조금씩 앞으로 나아갈 수 있는 힘을 얻을 방법은 무엇인지에 관해서 말이다.

과거를 잊게 해주는 요술봉은 없다

그날을 시작으로 우리는 남은 8주 동안 자신을 옭아매고 있는 과거를 내려놓는 연습을 시작했다. 누군가는 과거의 일을 계속 곱

섭으며 여전히 과거에 살고 있었고, 또 누군가는 과거에 상처받지 않기 위해 만들었던 불안정한 '자기방어 법칙'에 갇혀 있었다. 그렇게 우리는 매주 만나 현재의 나에게 쓸모없어진 '과거'를 하나하나 내려놓았다. 그러자 영영 사라지지 않을 안개 같았던 우울함이 걷히기 시작했고, 멀게만 느껴졌던 행복이 서서히 그 모습을 드러냈다. 그렇게 그들은 차근차근 나아지기 시작했다. 과거를 내려놓자 진정한 치유가 시작된 것이다.

시간이 흐를수록 심리치료 공간은 사람들의 웃음소리로 가득 차기 시작했다. 자연스럽게 공간의 분위기도 가벼워졌다. 마지막 시간이 다가왔다. 나는 이번 심리치료가 자신에게 어떤 의미였는지 그 경험을 나타내는 물건을 가져오도록 과제를 내주었다. 가장 인상적이었던 것은 진이라는 여성이 가져온 아무것도 적히지 않은 하얀 종이였다. 그녀는 종이를 들어 보이며 말했다.

"제가 이걸 가져온 이유는 이제야 비로소 좀 더 희망적인 새로운 이야기를 쓸 수 있게 되었기 때문이에요."

그녀의 발표가 끝나자 사람들의 환호가 터져 나왔다. 몇몇은 눈물을 글썽였다. 어느새 희망찬 분위기가 감돌았다. 12주 전과 비교하면 완전히 달라진 분위기였다. 내 카디건과 향초가 필요 없어진 것 역시 한참 전의 일이었다.

이 책의 첫 번째 주제가 '과거'인 이유는 무엇일까? 누구든 과거에 있었던 일에서 쉽게 자유로워지지 못하기 때문이다. 인간은 경험을 통해 배우고, 또 자신을 방어하는 방법을 깨우친다. 이 때문에 과거의 경험은 어떤 방식으로든 마음에 이런저런 흔적을 남기게 마련이다. 가정 폭력, 학대, 왕따와 같이 씻을 수 없는 사건뿐만 아니라 누군가에게 거절당했던 일, 실망했던 일처럼 일상의 사소한 사건들까지도 마음에 무수한 흔적을 남긴다. 하지만 문제는 사건 그 자체가 아니다. 사건을 겪은 후 생겨나는 이상한 법칙과 믿음이 더 큰 걸림돌이 된다. 왜냐하면 그런 이상한 법칙과 믿음이 심리적 유연성psychological flexibility, 즉 순간의 경험을 자신의 방식대로 이해하고 반응하는 유연한 마음의 능력을 없애버리기 때문이다.

그렇다고 힘들었던 과거를 그냥 지워버리고 없었던 일로 만들자는 것은 아니다. 묻는다고 묻어지면 좋겠지만 결코 그럴 수 없다. 내 경험에 따르면 오히려 상황이 나빠진다. 그러니 해답은 하나다. 과거를 받아들이고 스스로 감당하는 방법을 배우는 것. 과거의 기억에서 긍정적인 것들만 쏙 뽑아낼 때 우리는 더 이상 피해자가 아닌 승리자가 될 수 있다. 허우적거리지 않고 잘 살 수 있다. 과거에서 교훈과 동기부여, 그리고 추진력을 얻어 성공으로 향할 수 있다. 그렇게 될 수 있도록 스스로를 믿어보자.

본격적으로 시작하기에 앞서 확실히 말하지만 과거에서 벗어나게 해주는 요술봉 같은 건 없다. 과거란 마법의 주문을 외워서 사라지게 할 수 있는 문제가 아니다. 그렇게 간단하다면 참으로 좋겠지만 과거를 마주한다는 것은 결코 쉬운 일이 아니다. 그럼에도 과거를 마주하지 않으면 미래의 행복이 날개를 다 펼 수 없다.

당신은 어떤 과거에 멈춰 있습니까?

먼저 당신에게 몇 가지 질문을 던지려고 한다.

- 당신은 걱정이 많은 편인가?
- 스스로를 좋아하기보다 비판하거나 비하할 때가 더 많은가?
- 과거에 일어난 일을 자주 떠올리며 곱씹는가?
- 새로운 사람과 만나기를 주저하고, 위험을 무릅쓰는 모험은 피하는 타입인가?
- 꽉 막힌 기분이 들고, 삶이 자꾸 반복되는 것처럼 느껴지는가?
- 삶이 만족스럽지 않고 쉽게 화가 나거나 슬퍼지는가?

이는 당신의 과거와 밀접한 연관이 있을 수 있는 질문들이다. 만약 공감하는 문장이 있다면, 당신은 지극히 평범한 사람이다. '나만 과거에 얽매여 고통 받고 있다'고 생각한다면 큰 오산이다. 사람들은 보통 슬프거나 괴롭거나 고통스러운 이야기를 잘 내비치지 않기 때문에 겉으로 봐서는 진짜 감정 상태를 모르게 마련이다. 당신이 이 책을 읽고 있는 지금, 수많은 벗들이 있다는 사실을 알았으면 좋겠다. 나를 비롯해 당신의 어려움을 잘 아는 독자들이 함께 있으니까 말이다. 우리는 이미 한배를 탔다. 나는 앞으로 당신에게 필요한 노와 구명조끼, 신호탄 몇 개를 내어주려 한다.

앞으로 우리는 과거가 어떻게 우리의 발목을 붙잡고 있는지를 파악한 후, 이 쓸모없는 과거들을 하나둘씩 버리는 연습을 시작할 것이다. 나에게 쓸모없는 것들은 버리고, 필요한 과거의 교훈만 내 것으로 만드는 새로운 연습을 말이다. 약속하건대, 이 책은 앞으로 당신이 '어떻게 살아가야 하는지' 그 방법을 찾아 변화하도록 도울 것이다. 삶과 행복을 가로막고 있던 것들을 함께 떨쳐버리자. 그러기 위해 먼저 과거로 돌아가보자.

인생의 법칙에서 자유로워지기

내가 지금껏 만나온 내담자 대부분은 과거에 갇혀 살고 있었다. 그리고 어떻게 해야 과거에서 벗어날 수 있는지 전혀 모르는 경우가 많았다. 과거는 현재의 바람직하지 않은 행동이나 패턴을 만들어내는 토대가 되기 때문에, 지금 내가 과거에 사로잡혀 있다는 사실조차 깨닫기 어렵다. 하지만 우리가 경험하는 부정적인 생각과 감정, 불안이나 우울, 분노, 중독, 절망은 과거의 경험과 관련 있을 가능성이 크다. 과거는 현재의 내 마음에 깃든 부정적인 패턴에 생명력을 불어넣는다.

내 경험에 따르면 사람들을 가장 괴롭히는 과거는 크게 두 가지다. 하나는 과거의 경험을 통해 고착된 '나만의 법칙과 믿음'이고, 다른 하나는 '부정적이고 충격적인 경험'이다.

먼저 인생의 법칙과 믿음에 대해 살펴보자. 인생의 법칙은 유익할 때도 있지만 안타깝게도 그렇지 않은 경우도 많다. 특히 융통성 없거나 스스로에게 괴로움을 주는 법칙이라면 더더욱 그렇다. '착하게 살아야 한다'는 가르침은 어떤가. 나는 아일랜드 출신의 가톨릭 신자로서 항상 착하게 살아야 한다고 배웠다. 만약 그렇지 않으면 지옥에 간다는 협박과 함께 말이다. 그게 내가 살면서 반드시 지켜야 한다고 배운 내 인생의 법칙이었다.

물론 남을 배려하면서, 열심히 살기 위해 노력하게 된다는 장점은 있을지 모른다. 하지만 시도 때도 없이 불필요한 죄책감을 느낄 때도 많았다. 착하게 살기 위해 노력할수록 스스로에게 가혹해졌다. 이 법칙이 내 인생을 가혹하게 만든다는 사실을 눈치챈 건 성인이 되고도 한참 지난 후였다. 나는 평생 나를 가두었던 이 법칙에서 벗어나야겠다고 다짐했고, 그 후부터는 '착한 것은 나쁜 것이다'라고 되뇌며 이 법칙에서부터 벗어나고자 발버둥쳤다. 내 입으로 그 신조가 잘못되었다고 말하며 스스로에게 각인시켰다.

'착하게 살자'는 신조가 내게 그랬듯, 어린 시절의 경험은 현재까지도 우리 인생에 큰 영향을 미친다. 스스로 어떻게 살 것인지, 내 인생에 어떤 규칙을 세울 것인지 생각도 해보기 전에 무조건 가족이나 문화, 종교로부터 다양한 인생의 법칙과 믿음을 물려받기 때문이다. 만약 당신 안에 부정적인 영향을 끼치는 법칙이나 믿음이 있다면 끊어내는 연습이 필요하다. 물론 모든 법칙이 나쁘다는 뜻은 아니다. 우리가 걸러내야 하는 것들은 '부정적인' 법칙이다. 당신의 이해를 돕기 위해 내담자들에게 자주 듣는 부정적인 법칙들 중 대표적인 것들을 보여주려 한다.

- 나는 완벽해야만 해.
- 절대로 실패하면 안 돼.
- 누구도 절대로 실망시켜선 안 돼.
- 나는 남들보다 더 잘해야 해.
- 언제나 좋은 사람이어야 해.
- 절대로 실수해선 안 돼.
- 주어진 일이라면 뭐든지 해내야 해.

이 문장들엔 공통적으로 한 가지의 표현이 들어간다. 바로 '~해야만 한다.' 언제나 착해야 하고, 누구에게나 친절해야 하고, 잘해내야 한다는 강박적인 법칙과 믿음이 가슴 깊이 자리 잡아 우리를 좀먹고 있다. 이런 믿음은 단순히 나 자신에서 끝나지 않는다. 끝내는 타인의 말과 행동을 바라보는 관점으로 스며든다. 예를 들어 스스로 완벽해야 한다고 생각하고 그러기 위해 노력하는 사람이라면, 자신의 주변 사람들의 행동도 응당 그러하리라 기대하게 된다. 완벽주의자의 파트너가 괴로운 이유가 바로 이것이다.

당신을 고통스럽게 만드는 법칙이나 믿음은 무엇인가? 나를 괴롭히는 법칙을 찾아내는 가장 쉬운 방법은 자신이 가장 어려워하는 부분부터 떠올려보는 것이다. 내가 가장 힘들어하는 상황, 피하고 싶은 상황을 떠올린 후 그 순간 어떤 법칙이 나에게 영향을 끼치는지 생각해보자. 그러면 내 안에서 긍정적으로 작용하는 법칙과 그렇지 않은 법칙을 쉽게 알아낼 수 있다. 시간을 내어 꼭 생각해보고 갑자기 감정이 북받쳐 눈물이 흘러도 놀라지 않길 바란다. 지극히 정상적인 일이니까.

해결되지 않은 과거를 다루는 법

다음으로 '부정적인 과거의 경험'이 우리 인생에 주는 나쁜 영향을 살펴보자. 손써볼 도리도 없이 삶 속으로 밀고 들어온 경험이 현재의 삶에 해를 끼칠 때가 있다. 그 일이 무엇인지는 아마 본인 스스로 잘 알 것이다. 일반적으로 이런 사건들은 종종 머릿속을 비집고 들어와 행복을 가로막고 자기 존재감을 떨어뜨려 무력감을 남긴다. 언어폭력, 정서적/신체적/성적 학대, 그리고 집단 괴롭힘과 따돌림, 문화적 갈등 등 이런 사건들은 트라우마로 남아 우리에게 무력감을 준다.

위에서 말한 사건들 외에도 본인만 알고 있는 사건들이 있을 것이다. 때때로 내 머릿속을 헤집고 들어와 무력감을 남기는 어떤 사건이. 아직까지도 그 생각에 괴롭고 행복하지 않다면, 당신은 아직 그 사건에서 벗어나지 못한 것이다. 우리는 이것을 두고 '해결되지 않은 문제'라고 말한다.

앞서 우리는 도움이 되지 않는 과거의 법칙이나 믿음을 떠올려보았다. 떠올려본 것만으로도 내 안에 나쁜 법칙이 있다는 사실을 알아챌 수 있었다. 진짜 행복을 찾는 연습은 이제부터다. 바로 이 법칙을 조금씩 긍정적인 방향으로 바꿔보는 것이다. 이를 위해서는 딱 두 가지 질문만 던지면 된다.

- 이 법칙은 나를 위한 것인가?
- 항상 지킬 수 있는 법칙인가?

당신을 얽매고 있는 법칙들에 이 두 가지 질문을 던져보기 바란다. 만약 '아니요'라는 답이 나온다면 그 법칙에는 융통성을 더할 필요가 있다. 앞에서도 말했듯이 모든 법칙과 믿음이 해롭지는 않지만 만약 융통성이 없다면 그 법칙은 재고해봐야 한다.

최근에 나는 '좋은 사람 콤플렉스'가 매우 강한 내담자 엘리를 만났다. 엘리는 '나는 누구에게나 좋은 사람이어야 해'를 자기 인생의 최우선 법칙으로 두고 평생을 살아왔다. 그는 정말 좋은 사람으로 살기 위해 갖은 노력을 다 하고 있었다. 간병인으로 일하면서 일주일에 이틀은 무료 급식소에서 봉사를 하고 있었고, 교회 성가대에서도 활동하고 있었다. 마더 테레사도 그렇게 살기는 힘들겠다는 내 말에 그도 웃음을 터뜨렸다. 엘리는 항상 남을 돕고 먼저 배려해야 한다고 굳게 믿었다. 그렇지 않으면 스스로 나쁜 사람이라고 생각했다.

처음 상담을 받으러 왔을 때 그는 절망과 무력감에 지쳐버린 상태였다. 좋은 사람이 되어야 한다는 생각에 남들에게는 좋은 일을 많이 했지만, 정작 자신을 돌보지 못하고 있었다. 그렇게 자신을 혹사시키는 삶을 오래 지속해서는 안 된다. 그는 자신이 충분히 좋은 사람이라는 사실을 배울 필요가 있었다.

나는 엘리에게 융통성 없는 강박적인 법칙에 유연성을 조금씩 더해보자고 제안했다. 예를 들어 '나는 완벽해야만 해'라는 법칙은 '항상 완벽할 필요는 없어'로 바꿔보는 것이다. '모두에게 착한 사람이어야 해'라는 법칙을 갖고 있는 그에게는 '가끔은 스스로에게 착한 사람이어도 돼'라는 믿음이 필요했다. 그는 모두에게 착한 사람이 되기 위해 자기 자신에게 너무 가혹했다. 남들이 아니라 스스로에게도 착한 사람일 필요가 있었다. 평생의 믿음을 바꾸는 데에는 노력과 시간이 필요했다.

나는 그에게 '가끔은 스스로에게 착한 사람이어도 돼'라는 융통성을 더한 법칙을 매일 아침 소리내어 말하고, 자기 전에는 일기장에 적어보라고 했다. 엘리는 아주 조금씩 모두에게 착한 사람일 수 없는 자기 자신을 용서했고 일상의 여백을 자신을 위해 쓰기 시작했다. 잔돈이 생기면 자신을 위해 꽃을 샀고, 날씨가 좋은 날에는 기분 좋은 산책을 했다. 집안일 때문에 무료 봉사는 가끔 거절해도 괜찮다고 생각하기까지는 시간이 걸렸지만 천천히 과거의 법칙을 내려놓을 수 있었다.

과거는 늘 거기 있을 뿐

과거의 부정적이거나 충격적인 경험은 제대로 해결하지 않으면 언제든 나타나 현재를 가로막는다. 과거에 쌓인 앙금은 과거에 두고 오는 연습이 필요하다. 지금 알려줄 내용이 앞으로 나아가는 데 도움이 될 것이다. 하지만 당신이 경험한 사건이 심한 트라우마로 남아 있다면, 반드시 전문가와 상담해보길 권한다. 모두가 상담을 해야 하는 것은 아니지만 반드시 필요한 사람도 있다. 만약 이 책으로 해결되지 않는다면, 반드시 심리치료사를 만나보기를 바란다.

과거의 힘든 일을 이겨내는 방법은 다음의 '다섯 가지 질문을 떠올리는 것'이다. 이 방법은 과거의 사건을 그 어떤 감정 없이 객관적으로 바라볼 수 있게 해주는 아주 좋은 방법이다.

- 과거의 상처가 나에게 도움이 되는가?
- 과거에 일어난 고통스러운 사건이나 상황이 전부 나의 탓인가?
- 이 사건이 터졌을 때 제대로 처리하기 어려울 수밖에 없었음을 인정할 수 있는가?
- 나는 나에게 부정적인 영향을 끼친 이 사건이 일어나기를 바랐는가?

- 이것은 과거의 일일 뿐 지금의 나는 안전하다는 사실을 받아들일 수 있는가?

처음 이 질문을 자신에게 던지면 '아니요'라는 대답이 압도적일 것이다. 하지만 '아니요'라는 대답이 몇 번이 나오든 이 질문을 계속해서 자신에게 던져봐야 한다. 이 질문의 목적은 부정적인 경험에서 나오는 자기비판과 원망을 멈추는 법을 배우는 데 있다.

지금까지 만난 수많은 내담자만 봐도 과거를 잊고자 하는 이유는 단 한 가지, 기억 속 고통을 없애는 것이었다. 사실 내가 방금 던진 다섯 가지의 질문 속에는 각각의 해결책이 들어 있다. 예를 들어 각 문항에 답하며 자기비판을 하고 있었다면, 이를 줄이는 방향으로 마인드를 바꿔나가면 된다. 아래 내가 추천하는 답변을 살펴보고 이를 흡수해보길 바란다.

현재를 힘들게 만드는 과거의 경험을 다음의 다섯 가지 핵심 내용으로 되짚어보고, 새로운 관점을 가져보자.

- 되풀이해 과거를 떠올리지 말라. 그럴수록 과거의 블랙홀에 갇힐 뿐이다.
- 자기비판의 강도를 줄이자. 자기 자신을 원망하거나 처벌하는 것은 아무런 도움도 되지 않는다.

- 당신을 괴롭히는 것이 무엇이든 이미 지나간 과거임을 인정한다.
- 나를 돌보는 일이 인생에서 가장 중요하다. 남이 아닌 나를 연민의 태도로 돌보라.
- 이미 일어난 일은 바꿀 수 없지만 미래는 바꿀 수 있다. 당신은 앞으로 행복할 자격이 충분히 있다.

나를 괴롭히는 과거에서 벗어나는 일은 나에게도 넘기 힘든 장애물이었다. 나는 북아일랜드 분쟁이 한창이던 때 그곳에서 자랐다. 총알과 탄환이 오가는 시기에 벨파스트에서 보냈던 유년기는 공포로 가득했다. 그래서 나는 아주 어렸을 때 이미 삶이 더 이상 안전하지 않다는 것을 알게 되었다. 내 주변의 현실이 그랬기 때문에. 그후 스무 살이 넘어 북아일랜드를 떠난 후에는 그런 생각을 내려놓는 법을 배워야 했다. 삶의 모든 것을 위협처럼 느끼지 않도록 말이다. 위협을 느끼면 행복하기가 어렵다는 것을 알고 있었기 때문이다.

런던으로 이사해 친구와 함께 웨스트 엔드West End로 난생처음 연극을 보러 갔던 날이었다. 기대감에 잔뜩 부풀어 극장 안으로 들어간 그 순간은 내 인생 최고의 순간 중 하나로 꼽을 만큼 기쁨으로 가득 찼다. 하지만 기쁨도 잠시, 예상치 못하게 첫 장면부터 총소리가 울려 퍼졌다. 나는 곧바로 몸을 내던지듯 바닥에 엎드렸다.

그런데 다른 사람들은 꿈쩍도 하지 않는 것이 아닌가! 내 몸은 '큰소리'는 곧 '위험'이라는 것을 기억하고 있었다. 그런 나의 '엎드리기' 기술은 인생 최고의 순간 느껴야 할 기쁨을 공포로 만들었다. 갑작스레 바닥에 엎드린 나를 이상한 사람처럼 쳐다보던 관객들의 눈빛도 아직 기억에 선하다. 그날의 사건 이후로 나는 시끄러운 소리가 모두 위협은 아니라는 사실을 새로 배워야만 했다. 내가 반드시 이겨내야 했던 과거는 바로 이것이었다.

과거의 나는 지금의 내가 아니다

'가끔 나에게 착한 사람이 되자'는 새로운 인생의 법칙을 아침 저녁으로 되뇌는 엘리에게도, '전쟁의 공포를 삶의 즐거움'으로 바꾸고 싶었던 나에게도 과거를 이기는 것이 쉬운 일은 아니었다. 하지만 과거의 삶은 바뀌지 않는다. 그 대신 과거에 쏟았던 에너지를 앞으로 펼쳐질 희망찬 미래를 짓는 데 쓴다면? 인생의 시나리오를 다시 쓸 기회가 생긴다. 얼마나 멋진 기회인가! 이 사실을 기억하면서 다짐해보자. 과거에서 조금이라도 벗어나기 위해 무엇을 할 것인가?

예를 들어, 과거에 대해 생각하는 시간을 줄여볼 수 있다. 안 좋은 기억만 떠올리게 하는 물건들을 정리할 수도 있다. 생각해보자. 나는 어떤 행동을 바꿀 수 있을까? 나는 과거에서 무엇을 배웠는가? 어떻게 하면 나 스스로에게 연민을 베풀며 앞으로 나아갈 수 있을까? 어떤 법칙을 버리거나 고칠 수 있는가?

과거를 다루는 방법을 배우면 현재를 즐기는 묘한 해방감과 현재의 '행복한 나'라는 존재가 얼마나 강한지 경험할 수 있다. 이렇게 과거를 청산하기 위해서는 불필요한 기억을 치워버릴 줄 알아야 한다. 나에게 필요 없는 기억들은 과거에 두고, 더 이상 휘둘리지 않을 때 비로소 우리는 과거에서 배울 수 있게 된다.

우울증을 비롯한 기분 장애 연구는 우리의 기분을 망치는 가장 어리석은 행동 중 하나로 '과거를 곱씹는 것'을 꼽는다. 좀 더 자세히 말해보자면, 머릿속에서 똑같은 기억을 계속 재생해봤자 도움은커녕 부정적인 감정만 반복되어 남는다는 뜻이다. 계속 생각해도 과거는 바뀌지 않고 이미 지나간 일의 해결책은 나오지 않기 때문이다. 여전히 사방이 꽉 막힌 듯한 기분만 남을 뿐이다. 짜증나고 우울하고 다 걷어차고 싶은 기분을 느끼지 않으려면 과거에 대해 너무 많이 생각해선 안 된다.

불안도 비슷하다. 최근 신경과학 분야에서 이루어진 '마음챙김' 연구에 따르면, 현재에 집중하면 뇌의 위협 센터(해마)가 비활성화되고 불안 증상이 줄어든다고 한다. 반대로 과거에 너무 오랜 시간 집중하면 현재가 사라져서 불안이 커진다. 자존감 연구에서도 과거의 해로운 법칙이나 믿음을 재구성하거나 반박하지 않으면 성인기에 자존감이 낮아진다는 결과가 나왔다. 한마디로 말해 과거의 충격적인 사건이나 쓸데없는 법칙과 믿음에 너무 몰입하면 미래를 도둑맞게 된다. '과거로 풍성해지는 미래'와 '과거로 망가지는 미래'가 있다. 당신은 어느 쪽을 선택할 것인가?

다름을 받아들이는 용기에 관하여

나는 심리치료사로 일하면서 자신의 이야기를 나누는 용기가 필요하다는 사실을 깨달았다. 그런 이유로 여기서 내 이야기를 나눠보려고 한다. 어린 시절 나는 학교에서 심한 괴롭힘을 당했다. 당시 동네의 또래 남자아이들과 많이 달랐기 때문이다. 공놀이를 좋아하던 또래 아이들과 다르게 나는 피아노를 배웠고 연극을 사랑했다. 나는 아무리 그들을 이해하려고 애써봐도 도저히 이해할 수 없었다. 물론 다른 아이들도 나를 이해하지 못했다. 춤 실력만 뺀다면 나는 1970년대의 빌리 엘리어트와 똑같았다. 다른 아이들의 세계는 내가 사는 환상의 세계와는 너무도 달랐다. 괴롭힘과 거절, 모욕의 시간이 오래 계속되자 의문이 고개를 들었다.

1장 이미 지나간 일을 깔끔하게 잊는 법

'혹시 부족한 사람은 내가 아닐까? 내가 문제였던 게 아닐까? 왜 나는 남들과 어울리지 못할까?'

그때 나는 전혀 행복하지 않다. 세월이 빠르게 흘러 어른이 된 지금도 파티에 어슬렁거리는 불청객처럼 과거는 여전히 나를 따라다닌다. 나는 지금도 가끔 스스로를 의심하며 불안에 빠지곤 한다. 하지만 심리치료를 받으면서 나를 남들에게 맞춰야 한다는 법칙과 믿음을 따르지 않아도 된다는 사실을 깨달았다. 난 이대로 충분하며 아무런 문제도 없다는 것을, 다름을 인정하지 못하는 사람들이 문제라는 것을 말이다. 만약 더는 과거의 메시지에 귀 기울이지 않겠다고 선택하지 않았다면 나는 대학에 가지도, 안락한 삶을 꾸리지도, 성공한 심리치료사가 되지도 못했을 것이다. 과거의 상처를 받아들이되, 그것이 내 미래를 결정하거나 행복을 막을 순 없다고 스스로 판단하고 결정했던 그 순간이 내 인생의 터닝 포인트였다.

그러기 위해 내게 가장 필요한 것은 '내려놓는 연습'이었다. 융통성 있는 새로운 법칙을 배우고 무엇보다 나 자신을 받아들이고 사랑하는 법을 배워야 했다. 나에게 행복은 정말로 '내면의 작업'이다. 나는 내담자들의 불안증을 도와줄 때 나의 과거를 활용하는 법을 경험으로 배웠다. 내가 과거에 얽매일 필요가 없듯이 당신도 마찬가지다. 과거에 무슨 일이 있었든 과거로 자신을 정의하지 않길 바란다.

이런 지혜로운 말이 있다. "뒤돌아보지 마라. 그대가 갈 길은 그쪽이 아니니." 물론 뒤돌아보아야 할 때도 있지만 거기에 발이 묶여 있을 필요는 없다. 나의 집단 우울증 치료에 참여한 사람들은 뒤돌아보지 않기로 했고, 그러자 앞으로 나아가는 길이 열렸다. 과거는 끝난 일이다. 반면 법칙은 고칠 수 있고, 그것을 통해 힘든 과거에서 벗어날 수 있다. 과거는 당신이 갈 길이 아니다. 그리고 다음으로 향할 곳은 당신의 마음이다.

과거를 내려놓는 행복 처방전

STEP 1 되풀이해 과거를 떠올리지 않기

- 떠올릴수록 과거의 블랙홀에 갇힐 뿐이다.

STEP 2 자기비판의 강도 줄이기

- 자기 자신을 원망하거나 처벌하는 것은 아무런 도움도

되지 않는다.

STEP 3 지나간 과거라는 사실을 인정하기

- 당신을 괴롭히는 것이 무엇이든 간에 이미 일어난 일은

바꿀 수 없다. 지나간 과거라는 것을 인정한다.

STEP 4 스스로를 소중히 대하기

- 나를 돌보는 일이 인생에서 가장 중요하다. 남이 아닌 나

를 연민의 태도로 돌보라.

2장

쓸데없는 생각에
마음을 주지 않는 법

우리가 살면서 느끼는 괴로움은 거의 마음속에서 일어나는 생각과 관련 있다. 우리가 느끼는 감정들은 실제로 어떤 일이 있었는지에 대한 사실보다, 우리의 마음이 그 일을 어떻게 해석하느냐에 따라 달라지기 때문이다.

시끄럽고 훌륭한 명상

나는 내가 참 느긋하고 충만한 사람이라고 생각했다. 매사 서두르는 법이 없었고, 20년이 넘는 세월 동안 사람들의 마음을 차분히 듣는 일을 했으니 그렇게 생각하는 게 어쩌면 당연했다. 하지만 얼마 가지 못해 나는 그 생각이 잘못되었음을 깨달았다.

이제 막 마음챙김 지도자 교육과정에 참가했을 즈음이었다. 교육은 총 9일 동안 아침 일찍 시작해 밤 10시가 넘어서 끝나는 일정으로 진행되었다. 마음챙김을 수련하는 곳답게 식사도 말없이 이루어졌고 장소도 한적하고 아름다운 시골이었던 터라 온종일 평온한 상태를 유지하며 마음챙김을 수행하기 안성맞춤이었다. 당시 우리의 코치는 심리치료와 마음챙김 분야에서 매우 존경받는 멜라니 펜넬Melanie Fennell이었다. 당시 마음챙김을 수련하던 내게 그녀가 자주 말하던 "그냥 알아차리기만 해도 충분합니다"라는 문장은 아

47

주 큰 영향을 주었다. 조용하고 평온한 환경, 훌륭한 코치까지 갖춰졌지만, 어쩐지 평온함은 쉽게 찾아오지 않았다.

마음챙김 수련이 이어지는 9일 동안 이상스레 마음속 잡념이 끊이지 않았다. 나는 고요함이 만들어준 여유를 틈타 새로운 걱정거리를 생각해내거나 쓸데없는 계획을 세우기 시작했다. 혹은 미래를 상상하거나 과거를 떠올렸다. 그것도 아니면 '오늘 저녁엔 뭐가 나올까', '다른 참가자들을 대체 뭐하고 있을까' 궁금해지기 시작했다. 마음이 어찌나 시끄럽던지 정말이지 놀라울 정도였다. 지금까지 스스로가 무척 차분한 사람인 줄 알았는데, 머릿속이 잡념으로 가득 차서 빠른 속도로 돌아가다 보니 이걸 대체 어떻게 멈추어야 할지 몰라 오히려 당황스러웠다.

마음챙김 수련 4일차가 되던 날, 45분 동안 코치의 지도를 받으며 다 같이 마음챙김 명상을 진행했다. 당시 명상의 주제는 '연민'이었는데, 무척 고대했던 명상 시간이었기에 반드시 완벽하고 평화로운 시간이 되도록 하겠다고 다짐한 터였다. 하지만 이 시간 역시 마음먹은 대로 흘러가지 않았다. 명상이 시작되기도 전에 우선 내 자리가 문에서 가까워 짜증이 났다. 일찍 와서 좋은 자리를 맡으려고 했는데, 늦게 온 탓에 문가 쪽 자리에 앉을 수밖에 없었다. 그렇게 '한심하다 진짜. 여기까지 와서 늦으면 어떡해?'라는 자책이 시작되었다. 그렇게 한동안 좋은 자리 하나 맡지 못한 자신에 대한 야유를 쏟아냈고, 오늘의 명상 주제였던 연민의 태도는 내 머릿속에서 사라진 지 오래였다.

하지만 명상이 시작되니 명상 전의 짜증은 약과였다. 옆 사람의 숨소리는 너무 크지, 꿇어앉은 다리는 저리지, 소화가 다 안 된 모양인지 배까지 큰 소리로 부글거렸다. 점점 짜증이 치솟고 마음속은 더 시끄러워졌다. 그러자 갑자기 이 모든 게 시간 낭비에 불과하다는 생각이 들기 시작했다. 실망스러운 데다 기운도 빠져서 그냥 다 포기하고 싶어졌다. 명상 교육을 받으러 온 심리치료사가 기본적인 것조차 제대로 못 하고 있다니 스스로가 한심해서 참을 수 없게 되었다.

그렇게 혼돈의 명상 시간이 끝나고 멘토와 이야기를 나눴다. 명상 시간에 무슨 일이 있었는지 전부 이야기하자 놀랍게도 그녀가 웃으며 말했다.

"와, 정말 훌륭한 명상을 했네요!"

어리둥절했다. 대체 어디가 훌륭한 명상이라는 거지? 멘토의 설명은 이러했다. 내가 내 마음을 알아차렸기에 훌륭한 명상이라고, 내 안에서 일어난 움직임과 좌절감을 전부 다 알아차리고도 명상을 멈추지 않았다는 것 자체만으로 이미 훌륭하다고 말이다. 만약 내가 수많은 생각과 짜증에 못 이겨 벌떡 일어나 그 방을 나가버렸다면 결과는 달라졌을 것이다. 하지만 나는 그 고민과 짜증을 알아차렸을 뿐 아니라 명상을 멈추지 않았다. 결국 멘토는 내가 무슨 생각을 하고 있는지 알아채는 것은 잘못이 아니며, 그 생각들을 알아차렸다고 해서 꼭 무언가를 해야만 하는 것도 아니라고 했다. 그걸 깨닫는 순간, 살면서 처음으로 커다란 자유를 느꼈다. 나에게 필요한 건 자책이 아니라 마음의 볼륨을 조절하는 방법이었다. 필요한 생각은 키우고, 쓸데없는 생각은 흘려보내는 것. 이러한 마음의 볼륨을 잘 조절하기 위해 먼저 마음이 어떻게 작동하는지부터 알아보자.

마음에게 감정의 통제권을 뺏기지 않기

우리가 살면서 느끼는 괴로움은 마음속에서 일어나는 생각과 관련 있다. 우리가 느끼는 감정들은 실제로 어떤 일이 있었는지에 대한 사실보다, 우리의 마음이 그 일을 어떻게 해석하느냐에 따라 달라지기 때문이다. 그렇기 때문에 같은 사건을 겪더라도 사람마다 다른 감정을 느낀다. 한 예로 나는 롤러코스터를 상당히 무서워하는데, 내 파트너는 롤러코스터를 보면 사탕을 손에 쥔 아이처럼 기뻐한다. 이렇게 우리의 감정에 큰 영향을 주는 '마음'을 이해하지 못하거나 현명하게 다루지 못한다면 행복해지기 어렵다.

나의 오랜 내담자였던 닉을 처음 만났을 때 그는 쉽게 분노했으며 우울증도 앓고 있었다. 그의 이야기는 마음을 어떻게 해석하느냐에 따라 감정이 수만 가지의 방향으로 달라질 수 있다는 사실을 잘 보여준다.

어느 날 그는 자가용으로 출근하는 길에 철도와 도로가 교차하는 건널목에서 잠깐 차를 멈췄다. 차단 게이트가 내려오기 직전, 바로 앞차가 길을 건넜고 닉의 차례가 돌아왔지만 그 순간 게이트가 내려와 건널 수 없었다. 기차가 지날 때 차량의 진입을 차단하는 것은 아주 당연한 일이지만 순간 닉은 화가 치밀었다. 바로 차에서 내려 이미 지나간 앞차를 향해 고래고래 소리를 질렀다. "야 인마! 네가 느려터져서 뒤차들이 빠르게 못 가잖아!"라며 앞차를 향해 욕하기 시작했다. 그래도 분이 풀리지 않았는지 차단 게이트를 발로 찼고, 다시 차에 올라탄 후 기차가 지나가고 게이트가 올라갈 때까지 쉬지 않고 경적을 울렸다.

닉은 그때를 회상하면서 '금방이라도 폭발할 것 같은' 기분을 느꼈다고 했다. 빨리 목적지에 도착하고 싶은 마음과 짜증이 한데 모여 '운도 더럽게 없지. 하필 내 앞에서 막힐 게 뭐람', '앞차가 느려터져서 이렇게 된 거야', '나였으면 진작 지나가고도 남았을 텐데 억울해', '왜 항상 기차가 우선이지?' 같은 마음의 소리를 뿜어냈다. 그리고 닉은 그 마음의 소리들에 반응했고 참을 수 없는 분노에 휩싸인 채 차에서 뛰어내려 소리를 지르고 쉴 새 없이 경적을 울렸던 것이다.

만약 그에게 그런 소리를 흘려보낼 수 있는 마음의 여유가 있었다면 어땠을까? '아 내 앞에서 걸렸네. 기다리지 뭐', '무리해서 지나갔다면 사고가 났을 거야', '앞차가 다 지나간 다음에 차단기가 내려가서 다행이네'라는 생각과 함께 마음의 동요 없이 조용하게 지나갔을 것이다.

닉은 지금까지도 꾸준히 마음의 여유를 갖는 연습을 하고 있다. '순간 피어오르는 생각들을 그냥 흘려보낼 것.' 이 문장에 집중하며 꾸준히 실천해 지금은 아주 많이 나아졌다. 이렇듯 마음속에 떠오르는 모든 잡념에 일일이 반응하면 이성적이고 합리적인 선택을 할 수 없게 된다. 따라서 우리는 자신의 마음에 휘둘리지 않도록 통제권을 가져오는 법을 배워야 한다.

부정적인 생각은 습관처럼 찾아온다

그렇다면 나쁜 생각들은 어디서 오는 것일까? 신경과학 연구에 따르면, 우리는 하루에 6만~8만 가지 생각을 하고 그중 60~70퍼센트가 부정적인 특징을 띤다고 한다. 여기서 '부정적인'의 의미는

'방어적'이란 뜻을 내포하고 있는데, 원시시대에는 이런 방어적인 생각이 포식자로부터 우리를 안전하게 지켜주었기 때문이다. 예를 들어, 예측 불가능한 자연재해와 온갖 맹수들로부터 스스로를 지킬 수단이 많지 않았던 과거에는 본능적으로 튀어나온 방어적인 생각들이 위험을 감지하고 우리 스스로를 지키는 데 큰 도움을 주었을 것이다. 하지만 이제는 이런 생각들이 더 이상 우리의 안전에 필요하지 않으니 과잉 반응할 경우 문제가 생기게 된다.

이런 생각은 대체로 자동적으로 떠오른다. 내가 경험했던 것, 그리고 나를 둘러싼 문화, 규칙, 믿음, 선입견 등과 아주 밀접하게 연결되어 순간적으로 툭 하고 튀어나온다. 간단히 말해서 '생각'이란 굳어진 사고방식 속에서 떠오르는 것으로 쉽게 없앨 수도, 막아낼 수도 없다. 하지만 불안해할 필요는 없다. 모든 습관이 그렇듯 생각의 습관도 없앨 수 있다. 아래는 우리에게 아무런 도움이 되지 않는 생각 유형들이다.

- 난 아마 못 할 거야.
- 나보다 잘하는 사람이 훨씬 많을 거야.
- 난 왜 이 모양이지? 이렇게 해서 잘될 리가 없어.
- 하, 정말 모든 게 끔찍하다.

보기만 해도 괴로운 이 생각들은 과연 마음에 어떤 영향을 끼칠까? 마음속에서 '나는 못 해'라고 계속해서 외친다면 아마 그 어떤 위험도 무릅쓰려고 하지 않을 것이다. 또 스스로를 부족한 사람이라고 생각한다면 실제로 함께 일하는 사람들에게 '나는 부족하다'는 분위기를 전달하게 된다. '잘될 리가 없다'는 생각은 긍정적이고 행복한 일들을 더 이상 보지 못하게 만든다. '모든 것이 끔찍하다'는 생각은 실제로 모든 것을 끔찍하게 바꿔놓을 것이다.

이런 부정적인 사고방식은 생각 그 자체로 우리의 현재를 망칠 수 있다. 다시 한번 말하지만 생각은 대부분 '사실'이 아닌 단순한 '생각'에 불과하다. 실제로 일어난 일도, 일어날 일도 아니다. 따라서 이런 부정적인 생각에 우리가 어떻게 반응할 것인지가 이런 잡념들에서 벗어나 조금 더 행복해지는 법의 핵심이다. 생각을 절대적 진리라고 믿으면 시련이 시작되고 행복은 멀어진다. 생각을 전부 다 믿지 않고 내려놓을 수도 있다는 사실을 깨달으면 훨씬 자유로워질 수 있다.

생각의 빈틈을 찾아내는 네 가지 방법

우리는 지금까지 행복에 한 걸음 가까워지는 방법에 대해 알아봤다. '부정적인 생각의 습관을 바꿀 것.' 그렇다면 어떻게 하면 바꿀 수 있는지 그 문제가 남는다. 하루에도 수십 번 생각이 바뀌는 인간을 생각하면 생각의 습관과 패턴을 바꾼다는 것이 상당히 어렵고 불가능한 일처럼 느껴질지도 모르겠다. 인간의 마음이 워낙 복잡하다는 사실을 생각하면 더욱 그렇다. 하지만 변하겠다는 마음을 갖고 있다면 사실 절반은 성공한 것이나 다름없다. 생각의 족쇄에서 벗어나고 싶다면, 지금부터 이 방법을 따라 해보자.

첫 번째, 내 안에 숨 쉬고 있던 부정적인 생각의 패턴을 알아차려라. 이런 부정적인 생각들은 마치 관심 받고 싶어 하는 사람과 같아서 무시하거나 밀어내면 원하는 것을 얻을 때까지 계속 귀찮게 주변을 맴돈다. 그러니 '아, 이건 내가 습관처럼 하는 나쁜 생각이지. 너 또 왔구나. 네 존재를 받아들일게'라고 마음을 향해 말해보자. 그럼 조금의 여유가 생길 것이다.

'너는 항상 왔던 나쁜 생각이고, 나는 너에게 조금도 영향을 받지 않을 거야'라는 무언의 다짐은 우리에게 생각의 통제권을 넘겨준다. 생각의 통제력이 내 손에 들어오면 부정적인 생각이 나를 파고들 수 없게 된다.

두 번째 방법은 바로 마음속에 '여유 공간'을 마련하는 것이다. 앞서도 말했듯 마음이 부정적이거나 나쁜 생각을 만들어내도, 그것은 생각에 불과할 뿐 사실이 아님을 기억하는 것이 중요하다. 하지만 마음에 여유가 없는 우리는 그 생각이 습관적인 나쁜 생각임을 알아채기도 전에 그 생각에 빠져들고 만다. 만약 여유 공간이 있다면, 마음이 부정적이거나 해로운 생각을 만들어내도 우리가 어떻게 반응할지 스스로 선택할 수 있다. 나는 그동안 심리치료사로 일하면서 마음에 공간을 만드는 다양한 방법을 찾아냈다. 그중 가장 효과적이고 내가 좋아하는 방법인 '영화감독 기법'을 소개한다.

먼저 마음속에 떠오른 생각이 영화처럼 펼쳐진다고 상상해보자. 그러고는 마음속 화면으로 그 생각들이 어떻게 흘러가는지 천천히 지켜본다. 섣불리 결정하지 않고 관찰자의 시선으로 따라가다 보면 원하지 않는 방향으로 생각이 튀어오르기도 할 것이다. 이때 원하지 않는 부분들을 감독의 시선에서 잘라내면 된다.

이렇게 영화감독이 된 것처럼 전체 그림과 맥락을 고려하면서 생각을 지켜보면 생각이 사실이 아니라는 것을 알게 되고 섣부르게 반응하지 않게 된다. 잠시 멈출 여유와 숨 쉴 공간이 생기는 것이다. 이 공간이 있다면 지나치게 생각에 매몰되지 않고 내려놓을 수 있게 된다. 부디 생각에 휘둘리지 않고 영화감독처럼 마음을 연출할 수 있도록 연습을 해보자.

세 번째 방법은 생각의 증거를 찾아보는 것이다. 부정적인 생각은 예고 없이 마음에서 빚어지곤 하는데, 대개 스스로에게 가혹한 생각들인 경우가 많다. '난 쓰레기야', '난 너무 한심해', '난 참 못 생겼다', '난 애가 왜 이렇게 멍청할까?'와 같이 자신을 깎아내리는 생각들이다. 만약 이 생각들이 사실이라면, 이 생각의 증거는 어디에 있을까?

아마 뚜렷한 증거를 내놓지 못할 것이다. 왜냐하면 그 생각들은 사실이 아니기 때문이다. 그렇다면 이젠 반박 증거를 내놓을 차례다. '난 쓰레기야'라는 생각은 아마 살면서 저지른 실수들이 만들어낸 자괴감에서부터 왔을 것이다. 물론 살면서 실수한 적도 있을 테지만 그렇다고 항상 실수만 하진 않았을 것이다. 지금까지 노력해서 얻은 성공, 성취, 내가 좋아하고 나를 좋아해주는 주변 사람들과의 사랑과 유대감 넘치는 관계가 내가 지금껏 잘 살아왔다는 증거가 되어줄 것이다. 그 생각이 사실이 아니라는 증거가 많다는 것을 스스로 깨닫는다면 '난 쓰레기야'라는 생각은 이제 더 이상 자동으로 떠오르지 않게 된다.

마지막 방법은 '흘려보내는 것'이다. 우리는 앞서 세 가지의 방법에 따라 나쁜 생각의 존재를 알아차렸고, 생각을 관찰할 수 있는 여유를 갖췄으며, 그 생각이 잘못되었다는 증거를 말할 수 있게 되었다. 그렇다면 이제 이 해로운 생각들에 반응하지 않고 흘려보내는 습관이 필요하다.

우리의 마음은 심리적 스트레스가 높을수록 더욱 가혹한 생각들을 만들어낸다. 그리고 생각은 가혹할수록 흘려보내기 어렵기 때문에 마음의 스트레스를 항상 낮게 유지하는 것이 중요하다. 모두 한번쯤은 들어봤을 코르티솔과 아드레날린이라는 호르몬은 우리의 스트레스 수치를 낮춰주는데, 이 두 호르몬은 간단한 신체 활동으로 인해 쉽게 얻을 수 있다. 또 일과 삶의 균형을 맞추고 건강한 식단을 갖춘다면 마음의 흥분을 쉽게 가라앉힐 수 있다.

생각의 스트레스에서 벗어나라

지금까지 우리는 부정적인 생각, 불필요한 잡념들을 흘려보내는 네 가지 방법에 대해 알아보았다. 우리의 뇌는 항상 기존의 패턴으로 되돌아가려는 특성을 갖고 있다. 따라서 처음 시도하는 이 방법들을 버리고 자꾸만 원래대로 돌아가려고 할 것이다. 이때 포기하지 않고 꾸준히 가르쳐주어야 한다. 이런 잡념들에 반응하는 바람직한 방법을 말이다. 시간이 지나면 어느새 이 방법이 우리의 마음에 새로운 기준이 되어줄 것이다.

시끄러운 소리로 가득한 세상에서 마음속에 나만의 공간을 만들고 싶은 것은 모두의 바람이다. 부정적인 잡념들에서 벗어나 부담감과 스트레스를 벗어던질 수 있다면 과연 누가 마다할까? 우리는 시끄러운 마음의 소리를 곧이곧대로 받아들이며 너무 많은 신경을 써왔다. 그러나 이젠 안다. 그런 잡념들에 이의를 제기하고 흘려보낼 때 조금 더 행복해질 수 있다는 사실을 말이다. 그런 잡념에 휘둘리지 않고 이의를 제기해야 진정한 해결책이 나온다는 것을 말이다.

그렇다고 해서 마음의 생각에 귀 기울이지 말라는 뜻은 아니다. 다만 지금 당신의 힘듦이 부정적인 생각에서 비롯되었다면, 그런 생각을 흘려보내고자 노력하는 것이 자신을 돌보는 데 아주 중요한 일이 된다는 의미다. 잡념에 맞서 '그 정도면 됐어'라고 말하는 것, 부정적인 생각에 '멈춰!' 사인을 보내는 것은 우리의 행복을 지켜주는 결단력 있는 태도다.

가뿐한 마음의 즐거움과 행복

어린 두 아이를 키우며 은행 매니저로 일하고 있는 워킹맘 줄리가 나를 처음 찾아왔던 날을 아직 기억한다. 당시 그녀는 누가 봐도 지친 얼굴을 하고 있었다. 두 눈엔 다크서클이 짙게 드리워져 있었고, 잠을 제대로 못 잔 듯 작은 하품이 계속해서 이어졌다. 그날 그녀가 털어놓은 고민은 '승진을 앞두고 늘어난 업무량을 감당하면서 직장에서 잘 버틸 수 있을까'였다.

줄리는 한눈에 봐도 유능한 회사원이자 사랑이 넘치는 엄마였다. 가족과 직장에 대해 이야기하는 걸 듣다 보면 가족을 사랑하는 만큼 일 역시 사랑하고 있다는 것이 느껴졌다. 직장에서 일이 늘어나 눈에 띄게 피곤함을 느낀다는 것 말고는 크게 문제가 없어 보였다. 그래서 우리는 시간 관리, 불필요한 업무 거절하는 법 등 실질적인 도움이 될 만한 솔루션들을 함께 고민했다.

사건이 터진 건, 그녀를 네 번째 만나던 날이었다. 줄리는 문을 열고 나를 보자마자 울음을 터뜨렸다. 그러고는 내리 15분 가까이 울기만 했다. 겨우 진정된 그녀에게 지금 마음이 어떤지 조심스럽게 물었다. 그러자 그녀는 말했다. "똑같아요, 제 마음이요. 해결해보려고 노력해도 마음이 나아지질 않아요."

줄리의 이야기를 들어보니 소위 말하는 '속 시끄러운 상황'이 아주 오랫동안 이어진 것 같았다. 자신이 워킹맘이라서 아이한테 신경을 많이 못 쓰는 거 같고, 승진의 부담 속에 일처리도 예전 같지 않은 듯하고, 이 모든 게 자신에게 문제가 있어서라는 자책이 끝도 없이 이어졌다.

누구보다 자신에게 엄격했던 그녀의 마음속 부정적인 생각들이 그녀를 좀먹고 있었다. 그녀는 울면서도 분명히 자기의 마음 상태가 어떤지를 얘기했다. 계속 잘못만 저지른 것 같아 선생님에게 쉬지 않고 혼나는 기분이라고 했다. 그런 생각을 물리치려고 발버둥 치느라 지칠 대로 지쳤다고 말하는 그녀의 모습에서 불안함마저 느껴졌다. 줄리의 괴로움 역시 외부에서 온 것이 아니라 끝도 없이 쏟아지는 마음의 소리에 제대로 반응하는 법을 몰랐기 때문에 생긴 것이었다. 그 순간 나는 줄리에게 물었다.

"정말 당신은 나쁜 엄마, 나쁜 상사일까요? 그렇다면 당신을 사랑하는 아이와 당신을 믿고 따르는 팀원들은 왜 여전히 당신 곁에 있죠? 그들이 뭔가 잘못된 것인가요? 그건 그저 당신의 생각일 뿐 사실이 아니라는 것을 생각해본 적이 있나요?"

당연히 모든 질문의 대답은 "아니요"였다. 그 순간 줄리와의 상담은 새로운 길로 들어섰다. 그녀를 괴롭히는 엄격하고도 부정적인 생각에 주의를 덜 기울이는 것. 그 연습을 함께하기로 했다. 앞서 소개한 네 가지 방법을 실천하자 그녀는 몇 주 만에 눈에 띄게 좋아졌다. 불안이 줄어들어 불면증도 많이 나아졌고, 또 예전의 활기찬 모습을 조금씩 되찾고 있었다. 이제 그녀는 더 이상 마음의 노예가 아니었다.

이것은 줄리에게만 국한된 이야기가 아니다. 누구에게서든 쉽게 찾아볼 수 있는 이야기다. 끝없이 떠오르는 부정적인 생각에 밤잠을 설치는 것, 칭찬을 곧이곧대로 받아들이지 못하는 것까지 누구든 한번쯤은 겪어봤을 정도로 흔한 일이기 때문이다. 더 이상 부정적인 생각에 마음을 내어주지 말자. 그리고 그 생각들을 내려놓는 연습을 하자. 마음의 주도권을 잡고 여유를 가질 때 우리 삶은 행복에 한발짝 더 다가갈 수 있다.

잡념을 내려놓는 행복 처방전

STEP 1 부정적인 생각의 패턴 찾기

- 스스로 이 패턴을 알아차릴 때 생각의 통제권을 돌려
받을 수 있다.

STEP 2 마음속 여유 공간 만들기

- 마음에 여유가 있을 때 우리는 그 생각에 어떻게 반응
할지 선택할 수 있다.

STEP 3 생각의 증거 찾기

- 생각의 증거가 없다면 이 생각은 사실이 아니라는 점
을 명심하자.

STEP 4 흘려보내기

- 생각을 흘려보내는 연습은 자기 자신을 돌보는 아주
중요한 일이다.

3장

과거의 후회에서 벗어나

현재를 사는 법

후회의 깊숙한 곳을 들여다보면 이와 관련된 크나큰 마음의 상처를 발견할 때가 많다. 시간이 지나면서 자연스럽게 후회를 이겨내는 사람도 있지만, 그렇지 못한 사람이 더 많다. 하지만 한 가지 기억할 것은 그 어떤 후회에 얽매여 있더라도 앞으로 나아갈 수 있는 방법은 있다는 사실이다. 그러니 당신이 부디 후회를 내려놓고, 조금씩 행복해질 수 있는 방법을 알아갈 수 있다면 좋겠다.

후회를 죽음의 순간까지 가져가지 마라

나에게는 아직까지 눈에 밟히는 여러 환자들이 있다. 그중에서 여전히 내 마음을 아프게 하는 환자는 단연 메리다. 메리는 내가 말기 환자들이 큰 고통을 느끼지 않도록 돕는 완화치료palliative care 분야에서 일할 때 만난 노부인이다. 그녀가 나처럼 런던에 둥지를 튼 아일랜드인이었기 때문일까? 우리는 짧은 시간에 부쩍 가까운 사이가 되었다.

평생을 고양이 두 마리와 함께 조용히 살아온 그녀의 마지막 소원은 인생의 마지막을 집에서 맞이하고 싶다는 것이었다. 그리고 그녀의 소원을 들어주는 것이 나의 일이었다. 살날이 얼마 남지 않았다는 걸 이미 알고 있던 그녀는 스스로 죽음을 받아들인 상태였지만 무언가 커다란 짐을 짊어진 사람 같았다. 분명 다른 무언가가 그녀를 괴롭히는 게 분명했다.

그러던 어느 날, 잠시 여유를 내어 메리를 찾아갔을 때 나는 숨기지 않고 걱정스러운 마음을 드러내며 물었다. 무엇이 당신을 그토록 힘들게 하느냐고 말이다. 나의 예감이 틀리지 않았다는 것을 증명하듯 메리는 눈물을 흘리며 후회로 가득한 옛 이야기를 들려주었다. 평생 그 누구에게도 말한 적이 없다고 했다.

메리는 열일곱 살 때 원치 않게 임신을 했다. 외동딸이었던 그녀는 임신한 지 6개월이 되어서야 그 사실을 부모님께 말씀드릴 수 있었다고 한다. 임신 소식을 들은 부모님은 아기를 입양 보내라고 종용하며 결혼도 하지 않은 몸으로 아기를 낳는 것은 수치스러운 일이니 도와줄 수 없다고 말했다. 그렇게 메리는 딸을 낳자마자 품에서 떠나보냈고 이틀 후 런던행 배에 몸을 실었다. 아기를 입양 보낸 아픔을 안고 도저히 아일랜드에서 살 수 없었기 때문이었다. 메리는 그 후로 한번도 아일랜드를 찾지 않았다.

그렇게 메리는 평생 자신을 괴롭혀온 비밀을 난생처음 누군가에게 털어놓았다. 부모님의 뜻을 거스르고 아이를 낳아 기를 순 없었을까, 임신 사실 자체를 숨기고 도망쳤다면 지금은 다르지 않았을까, 하는 끝도 없는 후회들이 쏟아졌다. 후회는 그녀에게 너무도 큰 아픔과 외로움, 고립감을 안겨주었다. 그녀는 자신은 행복해질 자격이 없다는 생각에 평생 결혼도 하지 않았다. 그날 자신의 과거와 후회를 털어놓은 메리는 그로부터 2주 쯤 후 세상을 떠났다.

메리의 이야기는 나에게 깊은 여운을 남겼다. 만약 그녀가 그 이야기를 진즉 누군가에게 털어놓았더라면 조금 더 행복한 삶을 살수 있었을까? 만약 그랬다면 그 누군가의 공감, 위로의 한마디가그녀를 조금 더 자유롭게 하지 않았을까? 적어도 인생을 후회로가득 채우진 않았을지도 모른다. 이제 자신을 벌하지 않아도 된다는 것을 스스로에게 허락할 수 있었을지도 모른다. 하지만 메리는평생 후회를 내려놓지도 받아들이지도 못했다. 그녀가 진정한 행복을 누릴 수 없었다는 사실이 계속 마음에 남는다.

우리는 모두 후회하며 살아간다

삶은 선택의 연속이고, 누구나 살면서 실수를 한다. 때론 주어진상황을 제대로 보지 못한 채 실수를 한다. 이처럼 자신의 선택이불러올 결과를 누구도 예상할 수 없기에 그 선택이 실수였다는 것을 한참 후에 깨닫기도 한다. 선택은 후회를 남긴다. 이때 유독 자신에게 엄격한 사람은 타인의 실수를 용인하는 것도, 자신을 용서하는 것도 굉장히 어려워한다. 그리고 끝내 내려놓지 못한 후회들은 결국 우리의 행복을 좀먹는다.

나 역시 삶의 많은 순간을 후회한다. 좋은 기회를 놓쳤고, 누군가에게 큰 실수를 했으며, 더 잘해주지 못해 미안한 사람들도 많다. 후회할 일은 여전히 가득하다. 하지만 그때마다 나는 조금 더 유연하게 접근하려고 노력한다. 나의 이성적인 자아를 내세워 후회에서 무엇을 배웠고, 앞으로는 어떻게 해야 하는지를 생각한다.

이번에는 계속 후회하고 자책하는 것이 행복해지는 것을 어떻게 방해하는지 함께 살펴보고, 조금 더 행복해지기 위해 후회를 내려놓는 법에 대해 이야기해볼 것이다.

당연하게도 나를 찾아오는 수많은 내담자들은 하나같이 자신의 후회스러운 선택과 과거에 대해 이야기한다. 그 후회의 깊숙한 곳을 들여다보면 마음의 상처를 발견할 때가 많다. 시간이 지나면서 자연스럽게 후회를 이겨내는 사람도 있지만, 그렇지 못한 사람이 더 많다. 하지만 한 가지 기억할 것은 그 어떤 후회에 얽매여 있더라도 앞으로 나아갈 수 있는 방법은 있다는 사실이다. 그러니 당신이 부디 후회를 내려놓고 조금씩 행복해질 수 있는 방법을 알아갈 수 있다면 좋겠다.

이번 주제가 후회인 만큼 나는 앞으로 나 자신 혹은 누군가의 후회와 실수에 대한 이야기를 할 것이다. 그때마다 누군가의 후회나 실수를 판단하거나 비난하고, 또 수치심을 느끼게 하려는 의도는 조금도 없다는 사실을 미리 전한다. 나는 열린 마음과 연민, 호기심, 배움의 태도로 후회를 이야기할 것이다. 이 책을 읽고 있는 당신도 그래야만 한다. 앞서 들려준 메리의 이야기처럼, 후회의 힘은 한 사람의 운명을 좌지우지할 만큼 강력하기 때문이다. 어떤 종류의 후회든 거기에 묶인 채 계속 생각하면서 비난하고 벌하며 내려놓지 못하면 얻을 수 있는 것은 아무 것도 없다는 사실을 기억하길 바란다.

후회는 감정을 남긴다

후회를 내려놓는 법에 대해 배우기 전에 지금 어떤 후회가 현재의 내 발목을 잡고 있는지부터 알아봐야 한다. 지금까지 만나온 수많은 내담자들은 각자 여러 가지 이유로 후회를 하고 있었다. 이성을 잃고 화냈던 일, 불륜을 저질렀던 일, 좋은 파트너 혹은 좋은 부모나 좋은 아들딸이 되어주지 못한 일, 종교적 신념을 어겼던 일, 누군가에게 상처를 줬던 일 등 상당히 다양했다.

유독 자신에게 엄격한 잣대를 들이대는 사람들은 더욱 심한 죄책감을 느끼거나 수치심을 느낀다. '나는 나쁜 사람이야', '나는 더러워', '누군가에게 이런 상처를 줄 수 있다니 끔찍해' 등 수치심과 뒤엉킨 자기 혐오가 위험한 수준으로 치달을 때도 있다. 또 사건의 크기에 비해 너무나 큰 분노를 표출하거나, 자신의 실수를 계속해서 곱씹으며 후회와 자책의 굴레에서 쉽게 빠져나오지 못한다. 그러다 보니 자존감은 낮아지고 묘한 패배감에 휩싸이는 상태에까지 빠지게 된다.

잠깐 독서를 멈추고 당신 내면에는 어떤 후회가 있는지 생각해보자. 자신을 가장 괴롭히는 일, 마음속 가장 깊은 곳에서 곪아가는 후회를 노트에 적어보자. 그다음에는 후회스러운 그 일에 따라오는 생각과 감정, 행동을 적는다. 위에서 설명한 증상을 겪고 있을 수도 있고, 처음 보는 증상이 있을 수도 있다. 다 적었다면 그 글자를 조용히 바라보자. 후회에 사로잡히면 더 이상 행복할 수 없다는 사실에 집중하면서 말이다. 내 안에 해결되지 않은 후회가 있다는 것, 그리고 후회가 남아 있다면 행복할 수 없다는 것을 알아차리고 인식해야 한다.

후회를 무조건 '좋은 것'으로 재구성하라는 말이 아니다. 말과 행동에는 타인에게 상처를 입히는 파괴적인 힘이 있다. 그렇기에 말 한마디, 행동 하나에도 우리는 책임감을 느껴야 한다. 그래서 후회하며 깨달은 것들이 성장하는 계기 내지는 기회가 되기도 한다. 그러나 어떤 사람들은 후회가 남기고 간 감정에 휩싸이게 된다. 그 부정적인 감정이 고정된 감정 상태가 되어버리면서 문제가 된다. 왜 그런 일이 생기는 것일까?

후회할 거라면 제대로 후회하라

기본적으로 인간의 마음은 부정적인 방향으로 기울기 쉽다. 부정적인 생각에는 당연히 후회도 포함된다. 후회를 배움의 경험으로 이해해보려고 해도 내 안의 양심은 해서는 안 되는 잘못된 말이나 행동이었다고 생각할 것이다. 양심은 후회의 감정을 일으키지만, 이에 대한 적절한 반응을 하도록 도와주기도 한다. 예를 들어 누군가 자기 집 앞에 무단으로 주차한 차주에게 "차 빼!"라며 고래고래 소리친 행동을 후회한다고 해보자. 이때 양심은 적당한 정도로 죄책감을 선사하고, 상대방에게 적절한 사과 혹은 보상을 하는 바람직한 반응으로 유도한다. 이를 적응 반응adaptive response 혹은 정상적인 후회라고 하는데 이 과정은 다섯 단계로 이뤄진다.

먼저 자신의 행동이나 생각을 알아차리는 것이다. '내가 지금 뭘 한 거지? 화가 났다고 다짜고짜 고함을 친 건가?'처럼 자신의 잘못된 행동을 인지하는 단계다. 다음은 성찰, 즉 반성을 하게 되는데 '그렇게 해선 안 됐어'라는 반응이 일반적이다. 자신의 잘못된 행동을 알아차리고 반성했다면, 다음에는 감정이 움직인다. 자신이 한 행동에 대해 죄책감을 느끼는 것이다. 감정 반응의 다음 순서는 바로 사과하거나 보상하는 것이다. 자신의 잘못에 대해 솔직하게 사과하고 적당한 보상을 전한다. 이후 중요한 것은 바로 배우는 것이다. 앞으로 어떻게 하면 이런 일이 생기지 않을 수 있는지 경험을 통해 배우고, 다음번에 같은 행동을 하지 않는 것. 이렇게 정상적인 후회를 경험하면 부정적인 감정이 아니라 배움이 남게 된다.

하지만 반대로 시간이 지나서까지 후회스럽고 괴롭다면, 비정상적인 후회를 경험한 것이다. 보통 이런 경우 정상적 반응과는 달리 자신의 행동을 알아차릴 때도 '내가 그랬다니 믿을 수 없어'와 같이 사실을 부정하는 경우가 많다. 또 반성의 단계에서도 '그런 행동을 하다니 내가 싫다'처럼 자기비하로 이어진다. 그런 반응들은 자연스럽게 수치심과 자책으로 이어지고, 끝내 아무런 배움 없이 스스로를 용서할 수 없게 되어버린다.

이처럼 후회를 할 때도 제대로 해야 한다. 정상적인 후회는 배움을 남기지만, 비정상적인 후회는 자기 비하와 죄책감을 남긴다. 그렇다면 문제 상황에서 정상적인 후회를 선택하면 되는 것 아닐까? 하지만 현실은 그렇게 단순하지 않다. 그 이유에는 두 가지가 있다.

먼저 대부분의 사람들은 이미 많은 후회를 경험했고, 그로 인한 마음의 짐을 갖고 있다. 이 마음의 짐이 주는 스트레스는 이성적으로 생각하는 것을 방해한다. 따라서 내가 지금 정상적인 후회를 경험하고 있는지조차 판단하기 어려워진다. 두 번째로 인간은 살면서 경험한 일에 어떻게 반응했는지를 학습하고 이를 하나의 패턴으로 자동화한다. 따라서 이미 비정상적인 후회 반응이 자동화되어 있을 수 있다.

후회가 만드는 부정적인 패턴을 알아차리다

후회를 내려놓는 가장 좋은 방법은 바로 후회에 대한 반응을 통제하는 것이다. 앞서 말했던 것처럼 과거의 후회에서 벗어나지 못하도록 가로막는 학습된 자동 패턴이 존재한다. 나에게는 어떤 패턴이 있는지 파악하고 그 패턴을 끊어내는 것이 핵심이다. 아래 부정적인 후회의 패턴을 정리해두었다. 내용을 살펴보며 자신에게 해당하는 것이 있는지 살펴보자.

- 완벽주의 : 자신을 포함한 모든 것이 완벽해야 한다.
- 수치심 : 실수하면 나쁜 사람, 가치 없는 사람이다.
- 과도한 비난 : 실수하면 당연히 비난받아야 한다.
- 자기 처벌 : 실수하면 벌 받아야 한다.
- 자기 학대 : 실수에 대해 속죄해야 한다.
- 경직된 사고 : 너는 맞고, 나는 틀리다.
- 자기 비난 : 다 내가 부족한 탓이며, 내가 못났다는 증거다.

부정적인 후회의 패턴을 천천히 살펴보면 어떤 표현 하나가 반복되는 것을 알 수 있다. 바로 '~해야 한다', '~해야만 한다'처럼 강력한 당위적 사고의 표현이 계속해서 등장한다. 당위적 사고는 응당 그래야만 하는 이유가 없는 상황에서도 지속적으로 무언가를 기대하는 사고를 말하는데, 이것이 지속되면 지나치게 자신을 엄격하게 대하게 된다. 이 사고 역시도 끊임없이 부정적인 후회를 만드는 큰 조건 중 하나다.

아직까지도 도저히 내려놓기 힘든 가장 큰 후회를 세 가지 정도 적어보자. 그리고 지금 살펴본 패턴들 중 어떤 것이 작용하고 있는지 찾아보자. 이 패턴이 어떻게 후회에 얽매이도록 만드는지, 어떻게 하면 융통성이 생길지 호기심을 갖고 살펴보기 바란다. 여기까지 진행했다면 이제 다음 단계로 넘어가 후회를 내려놓는 방법을 본격적으로 알아볼 차례다. 후회를 내려놓는 법은 세 가지 단계로 이뤄져 있다.

- STEP 1 : 후회에 이름표 달아주기.
- STEP 2 : 진실한 마음 전하기.
- STEP 3 : 스스로를 용서하기.

간단해 보이는 세 가지 방법을 조금 더 자세히 알아보자.

STEP 1 : 후회에 이름표를 붙여라

첫 번째 단계는 나를 괴롭히는 후회에 이름표를 달아보는 것이다. 자신의 인생을 10년 단위로 쪼개어 과거부터 천천히 돌아보자. 조금이라도 신경이 쓰이거나 후회스러웠던 일들을 메모장에 적어본다. 어떤 후회를 하고 있는지, 지금껏 괴로운 이유가 무엇인지 하나하나 적어가며 그 사건 자체를 이해해보는 것이다. 예를 들어, 열여섯 살 때 성적을 속여 부모님께서 무척 화를 내시고 속상해하셨던 일이 아직까지 큰 후회로 남았다면, '성적 거짓말 사건'이라고 이름을 붙인다. 그러고는 아래 자세히 적어본다.

"부모님은 나에게 항상 큰 기대를 하셨다. 그래서 나는 항상 완벽해야 했다. 부모님을 실망시킬 수는 없었기 때문이다. 부모님을 실망시켰다는 자괴감을 느끼기 싫어서 거짓말을 했다."

이 단계의 목적은 잘못을 정당화하는 것이 아니다. 수치심에 차마 말이나 글로는 표현하지 못했던 사실과 감정들을 적어보면서 스스로 과거의 후회를 바라보고 이해하는 것이 목적이다. 후회에 이름표를 붙이고 이해하는 단계에서 후회가 왜 생겼고 왜 필요 이상으로 내 안에 오래 남아 있는지를 알게 된다.

일기에 적은 다른 후회도 똑같은 단계를 활용하여 돌아본다. 각각의 후회가 어떤 기분을 느끼게 하는지 주의를 기울인다. 유난히 강렬한 반응을 일으키는 사건도 있고 지극히 평범한 반응도 있을 것이다. 후회스러운 사건과 자신의 감정을 글로 적는 게 쉽지 않을 테지만, 이 단계에 가장 많은 시간을 쏟는 것이 좋다. 죄책감, 수치심, 뉘우침, 한탄 같은 감정이 솟아나도 지극히 정상이라는 점을 잊지 말자. 약속하건대, 자신의 과거와 감정을 들여다보는 일은 연습할수록 쉬워진다.

STEP 2 : 진실한 마음을 전하라

이 단계에서는 자신이 후회할 만한 일을 저지른 대상, 즉 상대방에게 진실한 마음을 전해야 한다. 하지만 모든 후회에 필수적인 단계는 아니다. 마음을 전할 대상이 없을 수 있고, 상대방이 원치 않을 수 있기 때문이다. 특히 상대가 당신에게 큰 상처를 받았다면 마음을 전하기 전에 더 많은 주의를 기울여야 한다. 이 판단은 자기 자신만이 할 수 있다. 사과를 해야 하는지, 고마움을 전해야 하는지, 진실한 마음을 전할 필요가 있는 실수였는지 아닌지는 본인이 가장 잘 알기 때문이다. 하지만 진심을 전하고자 했던 당신의 마음이 선한 의도였다는 것만은 기억하자. 마음을 전하고자 노력했다는 것만으로도 충분하다. 비록 상대가 지금은 문제를 바로잡기를 원하지 않더라도 나중에는 달라질 수 있다.

그렇다면 마음은 어떻게 전해야 할까? 이것 역시 오로지 자신의 결정에 따라야 한다. 후회하는 사건이나 내용마다 고려할 부분이 너무 많아 정해진 공식이 없기 때문이다. 하지만 몇 가지 도움이 될 만한 조언은 덧붙일 수 있다.

- 상대의 허락을 먼저 구한 후, 연락한다.
- 상대가 불편해한다면 강요하지 않는다.
- 지금 진실한 마음을 전하는 이유와 과거의 실수에 대해 정확하게 설명한다.
- 때로는 진실된 편지가 말보다 좋은 효과를 가져온다.
- 과도한 선물은 피한다. 어디까지나 진실한 마음을 전하는 것이 목적임을 잊지 말자.
- 스스로 선한 의도에서 마음을 전하고 있다는 점을 인지한다.

진심 어린 마음을 전하는 것은 상처 입은 상대는 물론 자신까지 치유하는 일이다. 상대의 허락과 공감을 바탕으로 한 성숙한 행동이 될 수 있도록 주의해야 한다. 그리고 원하는 결과가 무엇이든 이번 단계를 통해 치유와 행복이 이루어지기를 바란다.

STEP 3 : 스스로를 용서하라

후회를 내려놓는 과정에서 용서는 절대 생략할 수 없다. 아무리 깊숙이 실수를 인정하고, 진심 어린 마음을 전하더라도 스스로를 용서하지 못한다면 괴로움도 끝나지 않는다. 자신을 용서하는 방법에는 수만 가지가 있지만, 자신에게 맞는 방법은 자신밖에 찾을 수 없다. 스스로 결정해야 한다. 당신 자신을 용서하기 위해 어떤 행동이 필요한지 그 답은 반드시 당신 안에 있다.

사람은 자신을 벌하는 데는 기막힐 정도로 탁월하다. 따라서 자신을 용서하는 방법도 본능적으로 알고 있다. 다만 어떤 방법을 선택하든 그 중심에는 자신에 대한 연민이 있어야 한다는 사실은 잊지 말자. 괴로워하는 타인을 어떻게 대할지 생각해보고 자신에게 적용해보는 것도 좋다. 자신을 어떻게 용서할 것인지가 아니라 용서하겠다는 선택 자체가 중요하다.

오래전 10대였던 나는 토요일 오후, 고해성사를 하러 갔다. 가톨릭 신자가 아닌 사람들을 위해 설명하자면 고해성사는 일단 어둡고 작은 고해소로 들어가 칸막이를 사이에 두고 반대편에 있는 신부님에게 죄를 고하고 용서받는 것이다(심리적인 측면에서 보자면 후회를 내려놓을 기회이기도 하다). 고해성사는 신부님을 통해 신의 도장을 받는 것일 뿐, 사실은 자신을 용서하는 행동에 가깝다. 당시

10대였던 나는 한창 문제가 많은 시기인 만큼 털어놓을 죄가 무척 많았다. 그날 고해소 밖에는 이월 상품 세일에 몰려든 것처럼 속죄를 위해 찾아온 사람들의 줄이 길게 늘어서 있었다. 하필 고해성사를 맡은 신부님은 귀가 어두웠는데, 전날 결혼식에 보청기를 두고 왔다며 말을 크게 해달라고 부탁했다. 나는 내 목소리가 얼마나 큰지도 모른 채 죄를 줄줄이 고백하기 시작했다. 고백이 끝나자 신부님의 묵주 기도가 이어졌고, 꽤 긴 시간이 지난 후 고해소 밖으로 나올 수 있었다.

나는 과거의 실수를 깨끗이 잊고 새출발하도록 용서받았다. 모처럼 가뿐한 해방감이 느껴졌다. 하지만 홀가분한 마음은 오래가지 못했다. 고해소를 나오니 어머니의 가장 친한 친구가 밖에 앉아 있는 것이 아닌가. 엄청나게 화난 표정으로 일어나더니 비트박스라도 하듯 혀를 차기 시작했다. 도망치고 싶었지만 그 자리에 얼어붙을 수밖에 없었다. 그녀는 나를 쳐다보며 방금 내가 고백한 죄를 읊기 시작했다.

"성적인 생각을 했다, 사과주를 마셨다, 아버지를 때리고 싶다고 생각했다……. (한참 쳐다만 보다가) 네 엄마도 아니?"

아바ABBA가 부른 똑같은 제목의 노래 〈네 엄마도 아니?Does Your Mother Know〉가 떠올라 피식 웃음이 나왔지만 장난할 때가 아니었다.

나는 고해성사의 내용을 모두 들켰고, 그 자리에서 큰 망신을 당했다. 그 내용이 그대로 어머니에게 전달되어 꾸중을 들은 것은 당연했다. 그런데 당시 어머니의 반응이 흥미로웠다. 어머니는 내가 아버지를 때리고 싶은 마음이 드는 것도 이해하고, 청소년이 술에 호기심을 느끼는 것도 당연하지만 네가 여학생들을 보고 성적인 생각을 한다는 것은 믿을 수 없다고 했다. 어머니는 점쟁이라도 되었던 것일까? 어머니의 그런 의심이 몇 년 후에는 사실로 확인되었으니 말이다!

단언컨대, 어떤 방법을 선택하든 자신을 용서하는 방법은 매우 단순 명료하다. 고해성사까지 할 필요는 없다. 하지만 고해성사를 선택하는 가톨릭 신자는 밖에 누가 듣는 사람이 없는지 꼭 확인하기 바란다!

잡동사니를 치워야 행복의 공간이 생긴다

머릿속이 너무 많은 잡동사니로 꽉 찰 때가 있다. 그중 후회는 많은 공간을 차지한다. 계속 돌이켜보며 곱씹는 시간이 많으니 말이다. 머리가 복잡할 땐 명료하게 생각하는 능력이 떨어질 수밖에 없다. 그러니 뇌에 쌓인 잡동사니를 치워줘야 한다. 이성적인 사고와 감정 조절을 담당하는 전전두엽에 생각할 수 있는 여유가 필요하다.

3장 과거의 후회에서 벗어나 현재를 사는 법

그런데 후회 같은 오래된 것들이 가득하면 좌뇌와 우뇌의 조절에 문제가 생긴다. 불안감이 커지고 기분 조절이 어려워진다. 한마디로 머릿속이 너무 복잡해지는 것이다. 제대로 다루지 않은 후회는 계속 떠오르며 아직도 진행 중이거나 이제 막 일어난 일처럼 느껴져 마치 트라우마처럼 24시간 머릿속을 장악하고 만다.

요약하자면 잡동사니를 치우고 후회스러운 일을 곱씹는 패턴을 줄이면 불안증과 기분은 물론 뇌 기능까지도 개선된다. 현재에 집중하며 살 수 있는 여유가 생기는 것이다. 이것만으로도 후회를 내려놓아야 할 이유가 충분하다.

인간은 마치 반복재생을 눌러놓은 플레이리스트처럼 후회를 계속 재생하도록 진화했다. 그만큼 후회에서 벗어나려는 노력은 결코 쉬운 과제가 아니다. 인간은 희한하게도 자기에게 벌주는 것을 좋아한다. 이는 인간의 뒤틀린 본성이다. 과거의 잘못을 곱씹으며 자책하는 것은 자신을 벌하는 행위라는 사실을 기억하자. 자기 처벌을 하는 대신 자기 자신을 끊임없이 돌보자. 후회로 인해 계속 괴로워해야 할 이유가 없고, 자기 비난은 아무런 가치도 없으며, 후회를 반복해봤자 자신은 물론 주변 사람들에게도 부정적인 영향을 끼칠 뿐이다.

과거와 현재, 미래의 후회를 어떻게 다룰 것인지 일기에 다짐한 것을 적는다. 자신에게 쓰는 편지나 메모의 형태가 될 수 있다. 어떤 후회를 다룰지 분명하게 밝혀야 한다. 언제든 되새길 일이 있을 때 참고하면 된다. 장담하건대, 다짐을 되새기고 싶을 때가 분명 있을 것이다! 이는 지극히 인간적인 일이다. 자신에게 인간적으로 반응하는 법을 배워야 할 때가 있다. 과거의 후회스러운 일에 매달려 현재의 기쁨을 즐기지 못하게 될 수도 있고, 그렇지 않을 수도 있다. 조금 더 행복해지기 위해 삶 자체를 방해하는 후회를 내려놓자. 당신은 얼마든지 행복해질 자격이 있다.

후회를 내려놓는 행복 처방전

STEP 1 후회에 이름표 붙이기

- 후회와 마주하다 보면 과거의 감정을 들여다보는 일에

익숙해진다.

STEP 2 진실한 마음을 전하기

- 상대방에게 진심을 전하는 것은 상대방은 물론 나 역

시도 치유하는 일이다.

STEP 3 스스로 용서하기

- 만약 스스로를 용서하는 게 어렵다면 나를 용서하겠다

고 선택하는 것만으로도 충분하다.

4장

꼬리에 꼬리를 무는 걱정과
안전하게 이별하는 법

걱정은 지극히 인간적인 행동이지만 걱정이 지나치면 만성적인 불안증이 된다. 수많은 연구 논문을 읽고, 걱정 많은 내담자들과 수없이 만나온 내 경험이 말하듯 불안은 스트레스를 초래하고 스트레스는 몸과 마음의 건강을 해친다. 모든 것은 서로 연결되어 있다. 만약 당신이 이 방법을 활용해 걱정을 다룰 수 있게 된다면 신경이 분산될 일이 줄어드니 사고가 명료해지고, 집중력이 높아지며 불확실한 미래에 대한 내성이 생길 것이다.

걱정이 많은 게 걱정이야

"돈 워리, 비 해피(걱정하지 말고 행복해지세요)!"라는 노래 가사가 강렬하게 기억되는 이유는 입에 착 붙는 멜로디 때문만은 아니다. 습관처럼 입에 붙여도 좋을 만큼 문장과 의미 자체가 아주 효과적인 주문이다.

많은 연구 결과가 지나친 걱정은 불행을 가져온다고 말한다. 즉 걱정과 기분 사이에 큰 연관이 있다는 뜻이다. 그렇기에 나도 모르게 나를 괴롭히던 생각들을 다루는 이 책에서 걱정이라는 주제를 생략할 수가 없었다. 따라서 이번 장에서는 '덜 걱정하면 더 행복해진다'는 이 간단한 사실을 증명하고, 실천해보려고 한다. 위의 노래만 불러서 걱정을 덜어내고, 쉽게 행복해질 수 있다면 얼마나 좋을까? 하지만 걱정은 그렇게 쉽게 떼어놓을 수 있는 문제가 아니다.

현대인에게 걱정은 전염병과 같다. 끝도 없이 퍼져나갈 뿐 아니라 걱정할 거리도 세상에 차고 넘치기 때문이다. 내 일과 삶에도 걱정할 게 너무 많은데 세상도 문제투성이다. 경제가 더욱 나빠져 산기 팍팍해지는 것도 걱정이고, 당장 지구온난화로 인해 북극곰에게 필요한 빙하를 사라지고 있는 것도 걱정이다. 그밖에도 걱정거리는 끝이 없다. 정말 걱정이 많은 게 걱정인 수준이다.

그래서 나는 '과하게 걱정하는 사람'을 대상으로 이야기하려고 한다. 이 시대를 살아가는 사람이라면 오히려 걱정 없이 살기가 더 어렵지 않을까? 따라서 과하게 걱정한 경험이 있거나, 불확실한 것들에 쉽게 불안을 느끼는 사람이라면 이번 장을 눈여겨보길 바란다. 나는 걱정을 없애는 방법을 알아보는 데 주목하지 않았다. 걱정을 없앤다는 것은 애초에 불가능한 일이기 때문이다. 대신에 당신의 삶에 깊게 자리 잡은 걱정과의 관계를 바꾸는 법에 대해 알아보려 한다. 걱정과 새로운 관계를 맺어보길 바란다. 아주 큰 변화를 경험할 수 있을 것이다.

모든 것을 걱정하는 여자

걱정에 대해 생각하니 떠오르는 한 에피소드가 있다. 모든 것을 걱정하는 한 여자의 이야기다. 그녀의 하루는 그날 하루를 걱정하는 것으로 시작된다. 그녀는 온종일 엄청나게 많은 걱정거리를 해결하려고 애쓰는 사람이었다. 어느 날 그녀는 마음의 불안을 잠재워준다는 전문가를 만날 기회가 생겼다. 전 세계 사람들이 만나고 싶어 하는 전문가였는데 운 좋게도 그녀가 사는 지역에 단 하루 머물게 된 것이다. 전문가를 만나러 가는 길에 여자는 너무 긴장했고, 급기야 남편에게 그를 만나고 싶지 않다고 말했다. 남편은 앞으로 걱정 없이 살 수 있는 너무도 좋은 기회를 왜 포기하는지 이해되지 않았다. 그녀가 전문가를 만나지 않으려는 이유는 이러했다.

"내가 걱정하는 이 중요한 문제들을 누가 대신 걱정해주겠어요? 그리고 걱정이 없어지면 난 뭘 하죠?"

그러고나서 그녀는 남편에게 집으로 돌아가자고 했다. 집에 돌아온 그녀는 의자에 앉아 한숨을 쉬었다.

"이제 좀 낫네. 오늘 생각할 게 너무 많아."

그녀는 앞일을 걱정하는 불편함에 오히려 편안함을 느꼈다고 한다. 이 사연이 남일 같지 않은 사람이 있을 것이다. 걱정에는 중독성마저 있다. 걱정하고 있다는 느낌이 거짓된 안정감을 주기 때문이다.

실제로 걱정을 잃게 될까 봐 두려워하는 사람이 많다. 나는 걱정이 많아 문제를 겪고 있는 사람들과 그룹 치료를 한 적이 있다. 놀랍게도 치료가 시작될 때마다 다음과 같은 걱정 때문에 치료 자체를 불안해하는 사람이 많았다.

- 중요한 걱정거리를 놓치면 어떡하지?
- 걱정하지 않으면 뭘 하면서 시간을 보내지?
- 내가 달라지면 사람들이 뭐라고 할까?
- 무심한 것처럼 보이면 어떡하지?
- 내 정체성의 일부를 잃으면 어떡하지?
- 충분히 막을 수 있었던 문제가 생기면?
- 걱정을 그만두고 싶지 않으면 어떡하지?

심리치료사로서 흥미로웠던 점은 이 문제가 단순히 걱정을 덜어내는 수준이 아니라, 개인과 걱정이 매우 위험한 관계를 맺고 있다는 사실이었다. 걱정도 마약 중독처럼 습관적이라 멈추기가 쉽지 않다. 하지만 나는 불필요하고 습관적인 걱정에서 벗어나는 방법이 있다고 믿는다. 필요한 걱정을 그만두라는 말이 아니다. 당신이 제대로 걱정할 수 있도록 함께 해보려 한다.

아까 노래 가사처럼 걱정하지 말고 행복해지자. 당신을 지금보다 조금 더 행복하게 해주는 것이 내 목표니까. 아직 노래 멜로디가 기억나는가? 부디 입으로 그 노랫말을 흥얼거리고 있기를 바란다.

걱정을 다루는 법

앞으로 걱정을 다루려면 걱정하는 이유를 먼저 알아야 한다. 또 걱정 문제를 해결하고 싶다면 자신이 걱정하는 것들에 대한 책임도 받아들여야 한다. 냉정하게 들릴 수도 있지만 걱정을 다루는 문제의 돌파구는 자신의 책임을 인정할 때 나타나기 때문에 이를 받아들이는 것은 아주 중요한 문제다.

얼마 전 소셜 미디어에 '걱정을 다루는 방법'을 정리해 올렸던 날, 나는 잔뜩 화가 난 메시지 한 통을 받았다. 내가 올린 방법을 읽고 단단히 화가 나 있었다. 메시지를 보내온 사람은 과하게 걱정하거나 극심하게 불안해하는 사람들에게 필요한 건 걱정이 해결될 수 있는 팁이 아니라 이야기를 듣고 공감해줄 사람이라고 말했다. 걱정이 많은 사람에게 공감과 경청이 중요하다는 사실에는 동의하지만, 해결책 없이는 계속되는 걱정으로 습관적인 불안 패턴에 빠질 수 있다는 사실도 간과할 수 없는 일이다. 불안에 관한 연구에서도 확실하게 밝혀졌지만 곱씹는 것은 전혀 도움이 되지 않는다. 아마도 메시지를 보낸 사람은 자신의 걱정 패턴을 잘 알지만 그것이 아무것도 해결해줄 수 없다는 나의 글이 두려웠을 것이다. 이처럼 우리는 앞으로 나아가게 해주는 제안을 거부하기도 한다. 놀랍지 않은가? 나는 이를 '불편함이 편해지는 증후군comfortably uncomfortable syndrome'이라고 부른다.

살다 보면 걱정할 일은 있게 마련이고, 내가 삶의 어떤 단계를 밟아나가고 있느냐에 따라 걱정의 주제도 달라진다. 그 단계를 밟아나가며 마주하는 상황이나 사건, 사람들처럼 내가 선택할 수 없는 걱정거리를 나는 외적인 주제external content라고 부른다. 이 책을 쓰는 지금 나는 나이 들어가는 반려견과 몸이 편찮으신 아버지, 그리고 이사 가야 할지도 모르는 상황이 걱정스럽다. 하루가 다르게 줄어드는 머리숱과 연금, 〈진품명품〉 같은 TV 프로가 재미있어진다는 사실도 걱정스럽다. 이런 것들이 바로 외적인 주제다.

걱정해도 걱정이 끝나지 않는 두 가지 이유

그렇다면 수없이 걱정해도 걱정이 끝나지 않는 이유는 무엇일까? 여기에는 두 가지 이유가 있다.

첫째, 우리의 뇌와 마음이 본능적으로 걱정을 만들어내기 때문이다. 우리의 뇌에는 '걱정 모드' 프로그램이 저장되어 있는데, 이 걱정 모드에 불이 켜지면 그 순간부터 걱정이 끝도 없이 시작된다. 걱정 모드의 작동 원리는 이렇다. 우리의 뇌에는 위협을 감지하고 이에 대처하는 편도체라는 부분이 존재하는데, 편도체는 상상의 위험이나 위기에 과도하게 활성화된다. 편도체가 활성화되면 순간적으로 스트레스 반응이 일어나고 코르티솔과 아드레날린 같은 화학물질이 분비되는데, 이 물질들은 혈압과 심박 수를 상승시키고 과도한 호흡을 일으키는 등 우리를 한순간에 긴장 상태로 만들어버린다. 예를 들어 당신이 꼭 합격하고 싶은 회사에 면접을 보러 가는 중이라고 해보자. 떨어질 수도 있다는 생각이 스치는 순간 우리의 편도체는 이를 위협으로 감지하고 몸을 긴장 상태로 만들어놓는다. 심장이 빨리 뛰고 식은 땀이 주르륵 흐르는 것이 느껴질 정도로 말이다.

그렇게 긴장 상태가 되면, 이를 알아챈 마음이 두려움을 몰아내고 스스로를 안전하게 지키기 위해 걱정을 만들어낸다. 발생할 수 있는 경우의 수를 모두 '걱정'으로 만들어 대비할 수 있게 하는 것이다. '머리가 하얘지고 준비한 대답이 떠오르지 않으면 어떡하지?', '면접관들이 나를 싫어하면 어떡하지?'처럼 말이다. 그렇게 끝도 없이 걱정이 반복되는데, 이 신경적 문제를 '불안의 고리'라고 부른다. 아주 먼 옛날엔 이런 과도한 걱정과 불안이 우리를 보이지 않는 위협으로부터 지켜줬을지 모르지만, 이젠 그렇지 않은 것이 문제다.

걱정이 끝나지 않는 두 번째 이유는 바로 이 불안의 고리를 끊어내지 못하는 우리에게 있다. 우리의 뇌와 마음은 이미 위협과 불안에 대처하는 방법으로 '걱정'을 만들어내고 있다. 마치 잘못된 공식이 적용된 프로그램처럼 말이다. 이 프로그램을 멈추고 잘못된 공식을 고쳐놓을 수 있는 것은 바로 '나'인데, 자신이 그 역할을 하지 못하는 것이다. 그렇다면 나는 왜 고리를 끊을 수 없는 것일까? 이미 걱정과 걱정으로 인한 행동 패턴에 익숙해졌기 때문이다.

걱정을 하면 해결책을 얻을 수 있다는 착각이 대표적이다. 걱정 자체를, 더 나쁜 상황으로 치닫기 전에 해결책을 제공해주는 긍정적이고 건전한 수단이라고 생각해버리는 것이다. 그러다 보니 해결책을 찾을 때까지 같은 걱정을 반복하거나, 생각이 끝나지 않는 문제가 생긴다. 하지만 걱정이 제시하는 해결책은 과도한 회피 반응, 과도한 경계, 걱정의 무한 반복을 만들 뿐 긍정적인 해결책은 제공하지 못한다.

예를 들어 '오늘도 잠을 못 자면 어떡하지?'라는 걱정에 사로잡히면 불면증을 극복하기 위해 밤마다 술이나 약에 의존하게 된다. 또 '혹시 바이러스에 감염되면 어떡하지?'라는 걱정이 꼬리에 꼬리를 물면 작은 행동 하나에도 민감해지고 반복적으로 손을 씻거나 결벽증이 올 수도 있다(과도한 경계). '전철 안에서 불안이 심해지면 어떡하지?'라는 걱정이 계속되면 아예 전철을 타지 않게 된다(과도한 회피).

심리학에서는 이를 '안전 추구 행동'이라고 부른다. 안전 추구 행동은 불안한 감정을 느끼지 않기 위해 감정으로부터 계속 회피하는 행동을 말하는데, 이는 일시적으로 감정적인 불편함을 없애줄 뿐 걱정의 원인에 대한 불안감은 더욱 악화시킨다. 회피할 때마다 느끼는 아주 잠깐의 안도감이 불안을 느끼는 대상에 대한 막연한 두려움을 한층 강화시키는 것이다. 결국 아무것도 해결하지 못한 채 꼬리에 꼬리를 무는 걱정만이 계속될 뿐이다.

다시 한번 말하지만 당신을 옭아맨 걱정의 고리는 오로지 자신만이 끊을 수 있다. 의사, 치료사, 친구 중 그 누구도 대신해줄 수 없다. 걱정의 고리를 끊기 위해선 기존의 패턴을 깨뜨리고 새로운 걱정 대응 프로그램을 새로 설치해야 한다. 지금부터 그 방법에 대해 알아보자.

STEP 1 : 걱정 시간을 만들어라

걱정 패턴을 깨는 데 즉효약은 없다. 걱정에 반응하는 방법 자체를 바꾸는 것이므로 뇌부터 다시 훈련이 필요하다. 훈련이 잘될 때도 있고 완전히 엉망진창일 때도 있을 것이다. 하지만 패턴을 바꾸려고 의식적으로 노력할 때마다 한 걸음 앞으로 나아간다는 사실을 꼭 기억해야 한다.

첫 번째 처방전은 '걱정 시간'을 만드는 것이다. 매일 10분 동안 걱정거리를 글로 정리하는 시간을 가져보자. 걱정을 더 키우지 않고 걱정 시간이 올 때까지 잠시 걱정하는 걸 미룰 수 있다. 정해진 시간에 다시 걱정하면 된다는 믿음이 있기 때문이다. 만약 그 걱정이 쓸데없는 것이었다면, 걱정 시간이 되었을 땐 이미 잊어버렸거나 별 것 아닌 일로 여겨질 것이다. 애초에 근거 있는 걱정이 아니었다는 것이다.

그럼 '걱정 시간'은 어떻게 활용하는 것이 좋을까? 먼저 걱정을 기록하는 노트를 따로 마련하자. 노트를 펼쳐서 떠오르는 가장 큰 걱정거리를 적는다. 그리고 그 걱정에 관련한 질문들을 아래 적어본다. 대표적으로 그 걱정이 현실로 일어난 적이 있었는지를 질문해보자. 아마 대부분 '아니요'라는 답변이 나올 것이다. 하지만 만약 실제 걱정이 현실이 된 적이 있다면 생각의 패턴을 바꾸는 연습을 해보자. '만약 ~하면 어쩌지?'에서 '그럼 ~한다'로 해결책에 초점을 맞춰보는 것이다. 해결책에 초점을 맞추면 그 걱정은 또 다른 걱정을 만들어내기보다 진짜 해결책을 만들어낼 테니 말이다.

예를 들어 친한 친구의 결혼식이 제주도에서 열린다고 해보자. '만약 결혼식 당일 비행기를 놓치면 어떡하지?'라는 걱정이 몰려온다. 전에 비행기를 놓쳐 고생했던 기억까지 떠오르기 시작했다. 바로 이때 생각의 패턴을 '그럼 ~한다'로 바꿔보는 것이다. '그럼 다음 비행기 시간을 알아보자', '친구한테 미리 연락해서 늦더라도 꼭 가겠다고 말해야지' 등 생각의 패턴 하나 바꿨을 뿐인데 걱정의 해결책을 찾는 데 집중하게 된다.

STEP 2 : 안전 추구 행동과 이별하기

여기까지 익숙해졌다면 한 단계 더 나아가 걱정을 지속시키는 안전 추구 행동에 대해 적어보자. 이 단계에 들어서면 안전 추구 행동을 서서히 그만두는 것이 실질적인 과제가 된다. 예를 들어 사고 날까 걱정되는 마음에 전철을 타지 않으려고 했다면, 우선 짧은 구간만 타보자. 한 정거장이라도 좋다. 전철을 타더라도 사고가 나지 않는다는 것을 경험하면 전철을 타도 걱정할 필요 없다는 메시지가 뇌에 전달되므로 새로운 패턴이 만들어진다.

안전 추구 행동을 그만두는 것은 절대 쉽지 않다. 그러니 스스로가 감당할 수 있는 편안한 속도로 해나가야 한다. 가까운 사람이나 전문가의 도움이 필요할 수도 있다. 그럴 땐 부디 도움을 받길 바란다. 다시 말하지만 이런 행동은 장기적으로 걱정을 더 키울 뿐이다. 당장은 어렵겠지만 지금보다 행복해지기 위해 걱정과 건전한 관계를 만들어나가는 그날까지 함께 노력해보자.

걱정은 지극히 인간적인 행동이지만 걱정이 지나치면 만성적인 불안증이 된다. 수많은 연구 논문을 읽고, 걱정 많은 내담자들과 수없이 만나온 내 경험이 말하듯 불안은 스트레스를 초래하고 스트레스는 몸과 마음의 건강을 해친다. 모든 것은 서로 연결되어 있다. 만약 당신이 이 방법을 활용해 걱정을 다룰 수 있게 된다면 신경이 분산될 일이 줄어드니 사고가 명료해지고, 집중력이 높아지며 불확실한 미래에 대한 내성이 생길 것이다. 또 그동안 회피해온 위험을 긍정적으로 감수해나갈 용기도 생길 것이다. 한마디로 걱정이라는 짐에서 자유로워지면 삶이 가벼워진다. 그렇게 한껏 가벼워진 삶은 당신을 행복으로 이끌 것이다.

STEP 3 : 몸으로 움직여라

이 장에서 제시하는 연습법을 꼭 시도해보기 바란다. 내가 오래전에 명상 과정에서 알게 된 연습법인데 그 효과가 대단했다. 먼저지금 당장 나를 괴롭히는, 빨리 내려놓고 싶은 가장 큰 걱정거리를 떠올리고 그 걱정거리를 종이에 적는다. 원한다면 그 걱정에서 파생된 수많은 걱정거리를 적어도 좋다. 그런 후 외부의 안전한 공간에서 작게 불을 피워 걱정 종이를 태워버리자. 활활 타오르는 종이를 바라보며 이제부터는 불필요한 걱정거리를 짊어지지 않겠다고 다짐한다.

이 방법의 핵심은 걱정을 내려놓는 물리적인 행동을 통해 몸이 기억하게 만드는 것이다. 꼭 불태우지 않아도 된다. 상상력을 발휘해 다양한 방법을 시도해봐도 좋다. 종이를 분쇄기에 넣어 파쇄하거나, 풍선에 넣어 날려 보내거나 어떤 것이든 좋다.

연구 결과에 따르면 이렇게 물리적인 행동은 머릿속으로 다짐하는 것과 다르게 새로운 패턴의 형성을 도와준다. 어떤 식으로 다짐하든 삶이 훨씬 가볍고 자유로워질 것이다.

걱정을 이겨낸 남자

이 방법으로 걱정을 다루는 법을 터득한 내담자의 사연을 소개하고자 한다. 새미는 결혼해 두 자녀를 둔 스물아홉 살 남성이다. 그는 집안 사정으로 인해 위탁 가정을 전전하는 어린 시절을 보냈는데, 사는 곳에 익숙해질 만하면 거처를 옮기는 통에 집이 주는 안정감을 느낀 적이 거의 없었다. 어린 시절에 내가 돌아갈 곳이 있다는 안정감, 나를 안전하게 품어줄 집이 있다는 안도감은 중요하다. 하지만 그런 감정을 느껴본 적 없는 그의 마음속에는 당연하게도 '내가 있을 곳'에 대한 걱정이 항상 있었다고 한다. 그러다 보니 자연스럽게 '직장을 잃으면 어떡하지' 하는 극심한 불안과 걱정 패턴이 생겼다. 어른이 되어 행복한 가정을 꾸리고 직장에서도 크게 성공했지만 이 걱정을 다스리기가 너무 힘들었다. 그런 그에게 앞서 말한 행동 처방을 내렸다.

이제야 자신이 걱정해온 것이 무엇인지 알게 된 그는 스스로 과도한 걱정에 빠져 있었단 사실을 알아차렸다. '어린 시절 여러 집을 전전했던 경험'과 '현재 회사에 다니고 있다는 사실' 사이에 아무런 연관이 없다는 것을 알았고, 그의 걱정이 현실로 나타난 적은 단 한번도 없었단 사실 역시 깨닫게 되었다. 오히려 직장에서 해고당할지도 모른다는 생각에 남들보다 더 열심히, 더 완벽하게 일하도록 자신을 채찍질하고 있었단 사실을 알게 되었다.

그렇게 그는 하루 10분 동안 자신의 걱정에 대해 돌아보고, 안전 추구 행동을 발견한 뒤 서서히 그런 행동을 그만두기 시작했다. 그렇게 걱정을 통제할 수 있게 되자 그의 기분 또한 좋아졌다. 걱정이 줄어드니 특히 직장에서 느끼는 만족감도 커졌다. 걱정 패턴이 어떻든 얼마든지 통제권을 다시 가져올 수 있다. 이 기법들을 천천히 실행하다 보면 어느새 커다란 변화가 이루어져 있을 것이다. 그가 걱정의 통제권을 되찾은 것처럼 당신 역시 언제든 걱정의 통제권을 쥘 수 있다는 사실을 잊지 말자.

걱정과의 안전 이별을 위하여

내가 이렇게 걱정에 큰 관심을 갖게 된 건 완화치료를 경험하면서부터다. 청천벽력처럼 갑자기 시한부 선고를 받은 사람이 대부분인 그곳에서 나는 우리 인생에서 걱정은 절대 우선순위에 오를 수 없다는 것을 깨달았다.

스물다섯 살에 말기 암 판정을 받은 환자는 주말 동안 낚시 여행을 허락받았다며 기뻐했고, 세 아이를 둔 젊은 엄마 환자는 크리스마스를 아이들과 보내게 되었다며 행복해했다. 그들에게 죽을 병에 걸렸다는 걱정은 삶의 우선순위가 아니었다. 삶의 끝자락에서 행복을 찾고 있는 이들을 보니 사소한 걱정은 삶에 전혀 중요하지 않다는 것을 알게 되었다.

마지막으로 내가 참 좋아했던 내담자 마흔한 살의 마이크 이야기를 해보려고 한다. 일주일 전에 3개월 시한부 선고를 받은 그는 급격하게 말이 없어졌고, 늘 깊은 수심에 잠겨 있었다. 갑작스레 찾아온 시한부 선고를 믿을 수 없었으리라. 나는 마이크에게 다가갔다. 그러고는 무슨 걱정을 하고 있는지 물었다. 그는 잠깐 말이 없다가 대답했다.

"남은 3개월을 어떻게 하면 잘 보낼 수 있을지 생각하고 있습니다."

그는 주어진 시간을 걱정하는 데 쏟기보다 앞으로를 어떻게 채워나가는 것이 좋을지를 고민했다. 우리 역시 그래야 한다. 한 걸음 뒤로 물러나 걱정을 내려놓을 때 우리는 조금 더 행복해질 수 있다.

〈미션The Mission〉이라는 영화에서 내가 가장 좋아하는 장면이 있다. 주인공이 밧줄에 연결된 커다란 짐을 메고 드디어 산꼭대기에 도착한다. 남미 과라니족 원주민을 학대한 과거를 참회하고 있는 그에게 그 짐 보따리는 심리적인 부담과 걱정, 어두운 과거를 의미한다. 정상에 이르자 원주민이 주인공의 몸에 묶인 짐을 끊어 절벽 아래로 던져버린다. 모든 마음의 짐으로부터 그를 해방시켜준 것이다. 비로소 주인공이 자유로워진 순간이다.

우리 삶의 여정도 비슷하다. 우리는 지금 무거운 짐을 들고 삶이라는 험난한 산을 오르고 있다. 걱정이라는 마음의 짐을 가득 품은 채 말이다. 하지만 우리는 이제 걱정을 내려놓는 법을 알고 있다. 짊어지고 있던 걱정을 내려놓자. 그리고 절벽 아래로 밀어버리자. 우리가 조금 더 행복해질 수 있도록.

4장

걱정을 내려놓는 행복 처방전

STEP 1 걱정 시간 만들기

  - 매일 10분, 걱정 시간에만 걱정하는 새로운 습관을 갖자.

STEP 2 걱정 패턴 바꾸기

  - 걱정의 패턴을 '만약 ~하면 어떡하지?'에서 '그럼 ~한

  다'로 바꿔보자.

STEP 3 안전 추구 행동과 이별하기

  - 걱정하는 것만으로도 안심했던 버릇에서 벗어나야 한다.

STEP 4 몸 움직이기

  - 행동으로 옮겼을 때 우리의 몸은 더 강력하게 기억한다.

5장

지옥을 천국으로 만드는
관계 정리법

어떤 관계를 어떻게 다룰지, 그 사람에게 시간을 얼마나 쏟을지, 어떤 방법으로 필요한 변화를 이룰지는 전적으로 당신의 선택이다. 하지만 지금 당신의 행복을 가로막는 인간관계가 있다면 그냥 두어서는 안 된다. 주변 사람은 내가 나를 어떻게 생각하는지 보여주는 거울이다. 행복을 위해 노력하고 싶다면 자신의 삶에 어떤 사람들이 함께하는지 솔직하게 바라볼 수 있어야 한다.

내 삶 속 타인이라는 존재

　유명한 철학자 사르트르는 "타인은 지옥이다"라는 유명한 문장을 남겼다. 솔직히 맞는 문장이라는 생각이 든다. 우리 모두에겐 '지옥을 맛보게 하는 사람'이 있었고, 또 있기 때문이다. 누구든 주변 사람들 때문에 화나고, 고통과 외로움을 느끼고, 때때로 그들로부터 과소평가되기도 한다. 존중받지 못하는 느낌, 당연한 존재로 여겨지는 느낌, 위협을 당하거나 무시당하는 느낌, 누군가 나를 가르치려고 드는 느낌, 투명인간이 된 것만 같은 느낌 등 다양한 감정을 느끼게 된다. 물론 상황이나 관계의 특징에 따라 다르겠지만 타인이 지옥처럼 느껴질 법한 경험은 누구나 해봤을 것이다. 그래서 타인과의 관계는 자주 우리의 행복을 침범한다.

　'타인은 지옥이다'라는 말의 의미를 조금 더 정확히 표현해보자면, '우리는 타인이 지옥을 만들 수 있도록 허락한 적이 있다'로 정

109

리할 수 있다. 왜냐하면 이 책을 읽고 있는 당신이 성인이라면 타인의 행동을 참아줄 것인지 아닌지 스스로 선택할 수 있기 때문이다. 기분 나쁘고 견디기 어려운 상황이라면 외면하기로 선택할 수도 있고, 나를 불편하게 하는 사람들과 적당한 거리를 둘 수도 있다. 타인의 행동에 어떻게 반응할지 자신의 의지대로 선택하고 감정에 끼치는 영향을 최소화할 수 있다.

또한 우리에겐 주변 사람들이 이성적이고 합리적으로 행동할 거라고 기대할 수 있는 권리가 있다. 관계라는 것은 서로를 동등하게 바라보고 존중하는 것이 기본 전제다. 따라서 당신이 상대방에게 친절히 행동한 만큼 당신도 상대방에게 친절을 기대할 수 있다. 하지만 모든 사람이 당신의 기대에 부합하지는 않을 것이며 받아줄지 말지 선택권은 여전히 당신에게 있다. 그것은 전적으로 당신의 권한이다. 내 행복을 갉아먹는 사람들에게 분명히 선을 그을 수 있다. 시간을 얼마나 내어줄지, 언제 돌아설지, 어느 수준까지 받아줄지 분명하게 말이다.

타인은 지옥이다?

몇 해 전 남아프리카공화국에 갔을 때 넬슨 만델라^{Nelson Mandela}

가 27년 동안 갇혀 있었던 로벤 섬Robben Island을 방문할 기회가 있었다. 당시 여행 가이드는 만델라와 수감 생활을 함께했던 사람이었다. 그와 개인적으로 이야기를 나눌 때 당시의 끔찍한 생활을 어떻게 견뎠는지 물어보았다. 흥미롭게도 그는 만델라를 비롯한 몇몇 사람들 덕분에 수감 생활이 수월했다고 말했다. 그러고는 주위에 부정적인 사람들이 있었더라면 훨씬 더 끔찍했을 거라는 말도 덧붙였다. 그는 놀랍게도 교도소의 열악한 환경을 불평하지 않고 주변 사람들에 대한 감사함을 전했다. 그에게 타인은 지옥이 아니라 '자유'였다.

이는 우리도 마찬가지다. 감옥에 갇혀 있어야만 경험하는 일은 아니다. 우리는 감옥에 갇혀 있지 않지만 타인은 우리의 삶을 풍요롭게 해주는 비옥한 땅이 되어주기도 한다. 이렇듯 타인은 지옥이면서, 또 천국일 수 있다. 따라서 이러한 타인의 두 얼굴을 잘 판단할 수 있어야 한다. 그래야 관계를 지속할지, 끊어내야 할지 판단할 수 있기 때문이다. 끊어낼 수 없는 관계라 하더라도 앞서 말한 판단을 정확히 할 수 있다면 그들이 주는 영향을 최소한으로 줄이는 대응책을 찾아볼 수 있다.

만약 나에게 지옥을 선사하는 사람이 있다고 해보자. 아마 그 사람이 스스로 행동을 바꿀 가능성은 적다. 왜냐하면 사람은 스스로 잘못을 깨닫고 바뀔 준비가 되어야만 바뀌기 때문이다. 그러니 자신의 잘못을 깨닫지 못하는 상황에서 행동이 개선될 가능성은 거의 제로에 가깝다. 따라서 우리는 상대방을 어느 정도까지 참아줄지 분명한 경계선을 그음으로써 그 사람의 행동을 조절해야 한다.

어느 내담자는 약속 시각에 항상 늦는 친구와의 관계에서 엄청난 스트레스를 받고 있었다. 유독 나와의 약속에만 항상 늦는 것 같다는 생각이 들자, 이 친구가 자신을 무시하는 게 아닐까 하는 생각까지 들었다고 한다. 친구의 문제 행동을 눈치 챘지만, 아마 그녀의 친구 스스로가 그 행동을 고치진 못할 것이라 판단했다. 그래서 그녀는 경계선을 세우기로 했다. 119를 부를 정도로 긴급한 상황이 아니라면 친구를 기다리지 않기로 한 것이다. 그제서야 그녀의 친구는 자신의 문제 행동을 깨달았다고 한다. 이렇듯 경계선을 세워 행동 방식을 바꾸는 것이 상대의 행동을 조절하는 가장 영리한 방법일 수 있다.

타인에게 부정적인 감정을 쏟아내는 사람들

우리를 괴롭히는 관계를 자세히 살펴보면, 꽤 익숙한 패턴이 자주 발견된다. 바로 자신의 부정적인 감정을 주변 사람들에게 쏟아내는 경우다. 정확히 일치하지는 않더라도 자주 목격되는 패턴을

5장 지옥을 천국으로 만드는 관계 정리법

다음과 같이 정리해봤다. 혹시 당신도 누군가에게 이런 식으로 감정을 쏟아내고 있는 것은 아닌지 잘 살펴보기 바란다.

- 시기와 질투 : 심리적 불안이나 열등감 때문에 당신에게 시기와 질투로 가득한 공격을 한다. 그 공격은 대개 당신을 깎아내리거나 근거 없이 비판하고, 뒷담화를 하는 것으로 나타난다.
- 회피 반응 : 사람은 문제를 해결하기 어려울 때 도망치기도 한다. 그래서 이런 사람들은 당신을 무시하거나 피하거나 불신하는 모습을 보일 수 있다.
- 분노 표출 : 자신의 감정이 제대로 처리 또는 조절되지 않아서 당신에게 공격적으로 분노를 폭발시킨다.
- 자격지심 : 자존감이 낮은 사람은 열등감을 해소하기 위해 당신을 깎아내리거나 욕하며 자신의 자존감을 높이려고 한다.

그밖에도 부정적인 행동 패턴은 책 한 권을 다 채울 정도로 많고 다양하다. 하지만 이런 패턴을 아는 것보다 더 중요한 것은 사소한 행동 하나가 누군가에게 고통을 줄 수 있다는 사실을 아는 것이다. 그 사실을 알면 타인에게 쉽사리 상처를 주지 않을뿐더러 사람을 다루는 법을 배울 때도 도움이 된다.

나는 왜 유독 타인에게 약할까?

우리는 앞서 '타인에게 지옥을 만들도록 허락한 적이 있다'라는 문장을 살펴본 적이 있다. 결국 우리가, 그들이 지옥을 만들도록 허락하고 있는 셈이다. 사실은 우리 모두가 그렇다. 왜 그러는 것일까? 왜 관계를 조절하거나 끊어내지 못하는 것일까? 사랑하기 때문에, 의무감 때문에, 선택의 여지가 없어서 같은 명백한 이유 외에도 여러 이유가 있다. 일단 우리는 타인에게 꽤나 약하다. 다음은 우리가 무례한 타인을 허락할 때의 대표적 반응을 모아본 것이다.

- 대립의 두려움 : 그 친구의 행동에 일일이 맞서기보다 달래는 게 내 마음이 편해. 나중에 일이 어떤 식으로 커질지도 모르고.
- 학습된 패턴 : 맨날 저러니까 괜찮아. 익숙해졌어.
- 낮은 자존감 : 내가 조금 더 괜찮은 사람이었으면 나한테 저러지 않았을 텐데. 내 잘못이지, 뭐.
- 남들에게 잘 보이려는 마음 : 거절하면 날 안 좋게 생각할 거야.
- 외로움 : 이대로 이 친구를 끊어내면 나만 혼자 남겨질 거야. 이렇게 관계를 끝낼 순 없어.

어떤 상황이든 누군가에게 나쁜 대접을 받는 것은 결코 기분 좋은 일이 아니다. 저런 식으로 교류를 해봐야 부정적인 감정만 남을 뿐이다. 그 부정적인 감정은 상대방이 옮긴 것이다. 그러니 이 사실을 상대방에게도 설명해주어야 한다. 당신의 말 한마디가 나에겐 이런 기분을 느끼게 하고, 당신이 원한다면 더 나은 길을 함께 찾아서 바꿔보자고 말이다.

무례한 타인을 대하는 법

이 글을 쓰다 보니 병원에서 일한 지 얼마 되지 않았을 때의 일이 떠오른다. 병원에서 바쁘게 전체 회진을 돌 때 나도 의료진과 함께였다. 회진을 이끄는 의사가 팀원들에게 환자의 치료에 관한 새로운 아이디어나 의견은 없는지 물었다. 그 의사는 매우 날카로웠고, 때때로 소리를 지르며 동료들에게 무례한 모습도 보였다. 오후에 접어들자 상황이 점점 나빠졌다. 그가 나에게 어떤 환자에게 구토 방지제를 처방한 이유를 해명하라고 요구하면서 사태는 정점에 이르렀다.

일반적인 처방은 아니었지만(물론 허가받은 약품) 내가 그 약을 선택한 데는 이유가 있었다. 환자가 복용하는 약이 앞서 말한 '일반적인' 약과 함께 복용했을 때 부작용이 발생할 수 있는 여지가 있었기 때문이다. 환자에게 설명을 시작하는데 그 의사가 가로막으며 계속 소리를 질렀다. "아니지. 틀렸어요, 틀렸어." 내가 말을 이어가려고 할 때마다 그는 내 말을 끊었다. 나중에 그는 나를 조롱하며 다른 동료들에게 나를 소재로 한 농담까지 던지기 시작했다. 당연히 웃는 사람은 아무도 없었고, 나는 참다못해 입을 열었다. 차분하고 융통성 있는 목소리로 그의 어조가 불쾌하다고 말했다. 그리고 그렇게 처방한 이유를 들어달라고 했다. 계속 말을 끊거나 조롱한다면 더는 회진에 참여할 수 없다고도 말했다. 그러자 즉각 분위기가 바뀌었다. 그는 멋쩍어하며 한 걸음 물러났고 나는 비로소 그 약을 처방한 이유를 끝까지 말할 수 있었다. 그는 머쓱했던 모양인지 나중에 찾아와 사과도 했다.

그에게 내가 느끼는 불쾌함을 설명하는 것, 즉 경계선을 분명히 한 것은 쉽지 않은 일이었고 잠시 불편했지만 사적으로나 일로나 올바른 결정이었다. 그의 행동에 반박하지 않고 계속 지켜보고만 있었다면 이를 묵인하고 있었다는 사실 그 자체만으로 나 자신을 무시하는 처사였을 것이다. 그리고 그 의사에게도 그의 행동이 용납될 수 없는 것임을 깨닫게 하는 경고가 필요했다.

하지만 이럴 때일수록 신중하고 침착한 반응이 필수적이다. 왜냐하면 상대방과 대립하는 상황이 되면 이런저런 감정이 촉발되게 마련이고, 감정이 격렬해지면 이성적인 사고를 하기 어렵기 때문이다. 이성적인 사고는 해결책을 찾기 위해 꼭 필요한데 말이다. 따라서 누군가의 해로운 행동에서 벗어나는 일은 나로부터 시작해야 한다.

부정적인 사람을 다루는 일의 핵심이 자신에게 있다니 이상하기도 하고 약간 억울할 수도 있다. 하지만 현실적으로 해로운 영향을 끼치는 사람은 어디에나 있다. 그러니 우리에게 지금 필요한 건 억울함이 아닌 어디에나 있는 흔한 사람을 다루는 방법이다. 앞서 말했던 것처럼 우리는 타인의 행동 자체를 바꿀 수는 없다. 그러니 우리의 반응을 바꿔 타인을 조종하는 수밖에. 이때 활용할 수 있는 효과적인 네 가지 단계를 소개하려고 한다. 어떤 관계든 적용 가능하니 꼼꼼하게 살펴보고 꼭 실천해보기 바란다.

STEP 1 : 감정과의 거리두기

먼저 감정의 강도를 줄이는 연습이 필요하다. 타인의 말이나 행동 때문에 기분이 상한 경험은 누구나 있을 것이다. 그럴 때는 멀쩡했다가도 감정의 태풍이라도 몰려온 것처럼 갑자기 분노가 치솟고 상처도 받는다. 이렇듯 감정은 눈 깜짝할 사이에 격렬해진다. 하지만 감정을 알아차리고 이해한다면, 감정을 다루는 방법을 익힌다면, 충분히 감정을 조절할 수 있다. 연습이 필요하다는 말을 먼저 해야겠지만 말이다.

자, 그럼 감정의 강도는 어떻게 조절할 수 있을까? 바로 감정과 거리를 두는 것이다. 예를 들어 타인의 행동이 방아쇠가 되어 '분노'가 치밀어 올랐다고 해보자. 가장 먼저 이 분노가 상대의 행동에서 비롯되었음을 인지하는 것이 중요하다. 분노가 올라오는 것을 느끼는 순간 바로 뒤를 돌아 2분 동안 잠시 멈추고 감정이 가라앉을 때까지 그 어떤 반응도 하지 않는다. 계속해서 말을 걸어와 대화를 멈추기 어렵다면 양해를 구하고 자리를 잠시 비운 뒤 감정을 가라앉힐 수 있도록 한다. 만약 2분이 부족하다면, 자신의 감정 상태에 맞게 시간을 더 늘린다.

멈추는 시간 동안에는 크게 심호흡하며 몸과 마음의 반응 속도를 늦춘다. 숨을 들이마신 뒤 넷을 세고, 내쉰 뒤 다시 넷을 센다. 그렇게 총 다섯 번을 반복한다. 그러고는 상황을 너무 곱씹지 말고 감정을 다시 되돌아본다. 감정이 가라앉았는지, 아니면 여전히 일렁이고 있는지를 살핀다. 만약 격렬한 감정이 아직 가라앉지 않았다면 대화에 다시 개입하지 않는다(자신의 감정이 어떤 상태인지는 스스로 알 수 있을 것이다). 나는 감정의 강도를 1부터 10까지 두고 감정의 강도가 5 이상이라고 판단될 때는 절대로 상대방에게 반응하지 않는다. 이렇게 감정에 복받친 상태에서 감정을 가라앉힐 때까지 상대에게 반응하지 않는 연습을 하는 것이 첫 번째 단계다.

STEP 2 : 문제적 패턴에서 벗어나기

우리는 앞서 타인의 행동을 받아들이는 이유에 대해 알아봤다. 1단계 과정을 통해 감정이 차분히 가라앉았다면, 이런 경우 내가 어떤 이유에서 이 행동들을 받아들여 왔는지에 대해 생각해본다. 우선 내 감정부터 짚어본다. 예를 들어 파트너가 아이들 앞에서 당신을 비난한다면 어떤 기분이겠는가? 아이들 앞에서 나를 비난했다는 것 자체로 굴욕감을 느꼈지만 파트너와의 감정적인 대립을 피하려고 소극적인 행동을 보였을 수도 있고, 그 순간 화를 내면 관계가 끝이 나 홀로 외롭게 남는 상황을 두려워했을 수도 있다. 이렇듯 당신이 반응했던 패턴을 생각해보고 기록해보자.

본인 스스로 대응 방식에 문제를 느꼈다면, 이 패턴에서 벗어나겠다는 결심을 해야 한다. 위의 예를 계속해서 활용해보자. 감정적인 대립을 피하고자 소극적으로 대응하는 것을 그만두겠다, 더 이상 나에게 굴욕감을 주는 행동에 참지 않고 대응하겠다는 선언을 한다. 여기까지 본인의 상태를 정리했다면 이젠 상대방에 대해 생각해보자.

상대방이 나에게 그렇게 하는 이유에 대해 추측해보는 것이다. 앞서도 말했듯이 상대방이 놓인 상황을 완전히 알 수는 없지만 어떤 괴로움이 있으리라는 추측은 가능하다. 파트너가 아이들 앞에서 당신을 비난했지만 사실은 자기 자신이야말로 부모로서의 자질이 부족하다고 느낄 수도 있다. 그래서 대신 당신을 깎아내리고 비난함으로써 자신의 '부모다움이 당신보다 낫다는 것'을 스스로에게 말하고 싶었을 수 있다. 만약 이런 것이라면 파트너는 그것이 '자신'의 문제이고 상대를 향해 분노를 표출하는 것은 용납될 수 없는 행동임을 알아야 한다. 파트너의 행동에 반박하면 그 사실을 깨닫게 해줄 수 있다.

STEP 3 : 이성적으로 대화하기

잠시 멈추어 감정을 가라앉혔고 부정적인 행동에 반박하지 못하게 만드는 패턴이 무엇인지도 알아차렸다. 이제는 열린 태도로 분명하고 솔직하게 감정을 전달할 타이밍이다. 이 3단계가 중요한 이유는 자칫하면 극심한 의견 차이로 인해 대화가 논쟁이나 감정싸움으로 번질 수 있기 때문이다. 따라서 미리 준비한 뒤 차분히 대화를 시작하는 것이 중요하다. 이때 다음의 세 가지를 기억해야 한다.

첫째, 사실만을 언급하는 것이다. 자신의 감정을 섞어 누군가를 탓하는 말투를 사용해서는 안 된다. 따라서 감정적인 언어가 아닌 객관적인 언어를 사용해야 한다. 둘째, 원하는 바를 확실히 표현해야 한다. 당시 상황에서 내가 어떤 감정을 느꼈는지, 앞으로 똑같은 행동을 했을 때는 어떻게 대응할 것인지를 분명하게 말하는 것이다. 셋째, 필요할 때는 브레이크를 밟아야 한다. 만약 대화가 지나치게 감정적으로 흘러가거나, 상대가 나의 말을 계속해서 끊는다면 잠시 대화를 멈추거나, 상대에게 자신이 말을 끝낼 수 있도록 시간을 달라고 정확하게 표현해야 한다. 이렇게 갈등이 발생했을 때 한 명이라도 침착하면 두 사람 모두 흥분한 것보다 침착한 분위기에서 대화할 수 있다.

STEP 4 : 경계선 세우기

해로운 영향을 끼치는 사람들과의 문제를 해결할 때는 앞으로 용인할 수 있는 것과 없는 것을 분명하게 밝히지 않으면 말짱 도루묵이다. 따라서 마지막으로 우리는 경계선을 확실히 세워야 한다. 그렇지 않으면 상대는 또 제멋대로 행동할 수 있다.

이 단계에서는 해로운 영향을 끼치는 관계나 사람들을 다시 떠올려본다. 그러고는 관계에 어떤 경계선이 필요한지 생각해본다. 생각만으로 자유가 느껴질 것이다. 자신이 원하는 경계를 확실하게 알면 상대방에게도 확실하게 전달할 수 있다. 상대방이 불만을 품을 수도 있지만 남을 만족시키는 것이 삶의 목적은 아니다. 하지만 현실적이어야 한다. 너무 비현실적인 경계선은 실패로 돌아갈 수밖에 없기 때문이다.

만약 당신이 놓인 관계가 학대와 폭력이 이루어지는 관계이고, 특히 위험한 상황이라면 주저 없이 전문 기관과 전문가들의 도움을 받기를 바란다.

끝으로 나의 경계선을 인정하지 않는 사람들은 '내 사람'이 될 수 없음을 잊지 않기를 바란다. 우리는 살면서 여러 관계를 맺는다. 그리고 그 관계는 우리를 불편하게 하고, 행복을 방해하기도 한다. 하지만 지금까지 이야기를 나눈 것처럼 우리는 자신을 가로막는 해로운 관계로부터 얼마든지 벗어날 수 있다. 물론 쉽지는 않다. 하지만 그렇게 해로운 관계를 지워나가다 보면, 끝내 내 주변에는 '내 사람들'이 남게 된다. 앞으로는 내 사람들을 신중하게 선택해야 한다. 만약 나를 소중히 여기거나 존중하지 않는다면 절대 내 사람이 될 수 없음을 잊지 말라.

타인의 좋은 기운을 즐기는 법

사람은 에너지원이다. 옆에 있으면 그 사람의 에너지가 느껴진다. 동경하고 존경하고 영감을 주는 사람과 같이 있을 때 어떤 에너지가 느껴지는지 주의를 기울여보기 바란다. 보통 그런 사람들에게는 자석처럼 사람을 끌어당기는 힘이 있다. 그들의 에너지에는 전염성이 있어서 옆에 있는 사람들에게 새로운 자극을 주기도 하는데 우리는 이런 기운을 '아우라aura'라고 한다. 과학적인 수량화는 어렵지만 당신을 기분 좋게 만드는 이들이 뿜어내는 기운, 바로 그것을 뜻한다. 모임이나 행사의 분위기도 거기 모인 사람들의 에너지에 좌우된다. 이런 긍정적인 아우라를 가진 사람들과 함께하면, 우리 역시 좋은 기운을 나눠 받는다.

- 그들이 뿜어내는 에너지에 나도 활력이 샘솟는다.
- 관점이 긍정적으로 변한다.
- 그들에게서 얻는 확인을 통해 안정감이 느껴진다.
- 그들의 영향력과 격려에 힘입어 관점이 유연해진다.
- 그들의 단언으로 자신감이 올라간다.
- 그들이 보내주는 지지를 통해 격려와 영감을 얻는다.
- 안정감이 느껴져 자신에 대한 믿음도 커진다.

- 그들이 나를 믿어주므로 긍정적인 위험을 감수할 수 있게 된다.

- 그들이 나를 존중해주므로 자존감이 높아진다.

- 그들에게 느껴지는 생명력 덕분에 삶에 대한 긍정적인 관점이 생긴다.

하지만 자주 불평하고 부정적인 표현을 쓰며 사람이나 상황, 인생의 나쁜 점만 보려고 하는 사람과 함께한다면 어떨까? 에너지가 샘솟기는커녕 확 줄어드는 기분마저 느낄 것이다. 그러니 주변 사람들이 어떤 느낌을 주는지 지금 꼭 생각해보기 바란다. 물론 그누구도 가족과 친구 관계가 완벽할 수는 없다. 세상의 원리가 그렇다. 하지만 우리에게는 활기를 주는 좋은 기운이 필요하다. 그러니 주변에 아우라가 좋은 사람들을 둔다면 조금은 더 쉽게 행복에 다가설 수 있다.

그렇다고 해서 인생에서 만났던 부정적인 사람을 전부 정리하라는 말은 아니다. 조금 전에도 말했듯이 그저 경계선을 정하면 되는 관계도 있고, 잠시 멀어져 시간을 갖거나 영원히 관계를 끊어야하는 때도 있다. 모두 연민의 태도가 뒷받침되어야 한다. 어렵게 느껴지겠지만 이렇게 한번 생각해보자. 상대방의 해로운 행동에 이의를 제기하지 않고 그냥 놔두면 언제까지나 계속될 것이다. 우리가 그 사람을 근본적으로 바꿀 순 없겠지만 우리가 세우는 명확한 경계선 하나가 그 사람의 행동을 바꿔놓을 수는 있다. 결과적으로 당신은 물론 그 사람에게도 좋은 일이다.

어떤 관계를 어떻게 다룰지, 그 사람에게 시간을 얼마나 쏟을지, 어떤 방법으로 필요한 변화를 이룰지는 전적으로 당신의 선택이다. 하지만 지금 당신의 행복을 가로막는 인간관계가 있다면 그냥 두어서는 안 된다. 주변 사람은 내가 나를 어떻게 생각하는지 보여주는 거울이다. 행복을 위해 진지하게 노력하고 싶다면 자신의 삶에 어떤 사람들이 함께하는지 솔직하게 바라볼 수 있어야 한다. 좀 더 바람직하고 행복한 모습의 나를 비춰주는 사람들을 옆에 두자.

우리는 스스로 행복해질 수 있다

나는 수많은 상담에서 조금 더 행복해지는 법을 함께 나눴다. 나 역시 심리치료사이기 전에 인간이기에 행복을 가로막는 사람들이 어디든 있단 사실을 너무도 잘 알고 있다. 그리고 내 인생에도 나의 행복을 방해하던 사람들이 여럿 있었다.

나는 북아일랜드 분쟁이 한창이던 시기에 벨파스트의 아르도인 Ardoyne에서 자랐다. 그곳은 폭격과 총격, 살인이 끊이지 않는 너무도 무서운 곳이었다. 하지만 전쟁 중에도 사랑은 꽃 피듯 그곳 역시 사랑과 친절이 가득했다. 서로를 의지하며 사랑하고 챙기던 많은 이들이 서로의 버팀목이 되어 주었다.

앞서 말한 것처럼 나는 어렸을 때 많은 시련을 겪었다. 나는 남들과 '다른' 남자아이였다. 마른 체구에 목소리도 여자아이 같았고 피아노를 쳤다. 여자아이들과 놀면서 머리가 예쁘다고 칭찬해주는 것이 더 편한 그런 남자아이였다. 내가 어떤 아이였는지 당신의 머릿속에 대충 그림이 그려질 것이다.

그런 나에게 어머니는 언제나 걱정하지 않아도 된다고, 나는 '특별하다'고 했다. 10대 청소년기에 접어들어 그 '특별하다'는 것이 '동성애자'를 뜻하는 것임을 깨달았다. 하지만 나는 당시 남성과 이성애가 지배하는 관용 없는 환경에 둘러싸여 있었다. 내가 동성애자라는 사실은 빠르게 퍼졌고, 당시 한 친구는 다른 아이들에게 놀림받기 싫으니 몰래 친구로 지내자고 말해오기도 했다. 그때부터 수치심과 굴욕감이 시작되었고 내가 부족한 사람은 아닐까 걱정하기 시작했다.

그렇게 나는 누군가 친구가 되어주면 고맙게 생각하는 버릇이 생겼다. 아이들이 나처럼 말라빠진(피아노까지 치는) 동성애자와 가까이하고 싶어 하지 않을까 봐 두려웠기 때문이다. 그 후 어른이 되어 처음으로 심리치료를 받게 되었다. 심리치료사가 되려면 꼭 거쳐야 하는 과정이었던 그 심리치료에서 나는 주변 사람들과의 부정적인 관계를 바꿔야 한다는 사실을 처음 깨달았다.

그제서야 나를 통제하고 조종하려 들고 자기 잇속만 차리는 사람들이 보이기 시작했다. 그들은 내가 고분고분 말 잘 듣는 충직한 친구일 때 무척 기뻐했다. 하지만 내가 그랬던 건 그들이 나를 친구로 받아줬다는 사실이 고마웠기 때문이다. 동등한 친구 사이가 아닌 외로움과 거절에 대한 두려움이 만든, 명백히 권력 관계가 있는 친구 사이였다.

그 뒤로 나는 사람들과의 경계선을 정하고 조금 멀어지거나 아예 관계를 끊는 법을 배웠다. 이로운 관계라면 감사할 필요가 없음을 이제는 안다. 나는 스스로 행복해질 수 있는 자격이 있고, 관계를 선택할 자격이 있으며, 그런 관계를 누릴 자격이 있다는 것을 깨닫기까지 너무 오래 걸렸다. 하지만 이젠 안다. 조롱과 놀림, 굴욕의 대상이었던 깡마른 체구의 동성애자 소년은 사실 칭찬받을 자격이 충분한 상냥하고 창의적인 아이였다는 사실을. 있는 그대로의 나로 받아들여질 수 있음을 말이다.

그 어떤 관계도 완벽할 수 없다. 우리는 모두 부족함이 있고 가끔 실수도 한다. 하지만 끊임없는 실망을 주고 나를 깎아내리고 무시하는 사람들을 왜 그냥 보고만 있는가? 그들의 행동이 자존감을 떨어뜨리는가? 행복하게 해주는가? 그것은 당신만이 알 수 있다.

마지막으로 전하고 싶은 말이 하나 더 있다. 나는 스스로 행복할 자격이 있다는 사실을 깨달은 날, 조금 더 행복해지는 마음의 문이

열렸다고 생각한다. 누군가 당신의 행복을 방해한다면 끊어내길 바란다. 내가 그러했듯 당신도 스스로 행복해질 자격이 있는 사람이다.

5장

타인을 내려놓는 행복 처방전

STEP 1 감정과 거리를 두자

- 감정이 끓어오를 때면 딱 2분, 나에게 집중하는 시간을 갖자.

STEP 2 문제 패턴에서 벗어나자

- 감정적으로 대응하는 나의 모습을 돌아보는 연습이 필요하다.

STEP 3 이성적으로 대화하자

- 열린 마음으로 분명하고 솔직하게 감정을 전달하자.

STEP 4 명확한 경계선을 세우자

- 상대방에게 내 안에는 넘지 말아야 할 선이 있다는 것을 보여주자.

6장

나를 파괴하는 습관과
이별하는 법

우리는 때로 보고 싶은 것만 본다. 해로운 습
관을 버리고 싶은 당신에게 꼭 당부하고 싶은
것이 있다. 인정사정 봐주지 말고 자신에게 솔
직해지라는 것이다. 그래야만 앞으로 나아갈
수 있다.

당신은 습관에 중독되었다

때때로 삶은 정신없이 바쁘게 돌아간다. 누구나 그 느낌을 잘 알 것이다. 할 일이 엄청나게 많아 하루 24시간이 부족하게 느껴지는 그 느낌을 말이다.

이렇게 우리는 너무도 힘든 시대에 살고 있다. 행복이 망상에 가까운 목표처럼 느껴지는 사람도 있을 것이다. 충분히 이해된다. 수많은 연구에 따르면 현대인은 너무도 큰 압박에 시달린다고 한다. 북적거리는 쇼핑몰이나 전철 안에서 사람들의 표정을 한번 살펴보라. 그들의 얼굴에서는 묘한 불안감과 스트레스, 그리고 보이지 않는 벽이 느껴진다.

이렇게 너무 많은 것을 요구하는 삶 때문에 힘든 것도 있지만, 우리는 종종 자기 자신의 습관 때문에 기분을 망치기도 한다. 아마 내적 박해자^{internal saboteur}(정신의학 용어로 분할된 자아의 한 부분으로 자아에 처벌을 가하는 공격적 자아 — 옮긴이)가 자신감을 떨어뜨리는 질문을 던진 적이 있었을 것이다. '내가 부족하진 않은가?', '할 수 있을까?', '실패하지 않을까?', '괜히 망신만 당하는 건 아닐까?'와 같은 부정적인 목소리에 귀 기울이기는 쉽다. 그리고 이런 내적 박해자의 목소리를 잠깐 잊기 위해 새 운동화나 게임, 스마트폰 같은 외적인 자극이나 보상에 몰입하게 된다. 힘든 상황에서는 당연히 누구나 쉬고 싶고 잠시나마 모든 것을 잊게 해주는 기분 전환을 추구하게 마련이다.

나도 가끔 스트레스에 압도당하곤 한다. 그럴 때는 단 음식을 먹거나 온라인 쇼핑을 하면 기분 전환이 되는데 이렇게 일상에서 한 걸음 뒤로 물러나 재충전하면 건강에도 이롭다. 재미와 흥분, 기분 전환, 성취, 자극은 기분을 좋게 해준다. 분별 있게 활용한다면 감정의 균형을 되찾는 유용한 전략이 된다. 이런 주의 분산 행동은 타당하고 유익할 수 있지만 신체와 정신 건강 서비스 부문에서 오래 일해온 내 경험에 따르면 주의할 필요가 있다. 주의 분산 행동이 과도해지면 삶의 다른 부분에 방해가 되기 시작하고, 해로운 습관으로 굳어질 수 있기 때문이다.

이런 이유로 우리는 언제든지 스트레스나 감정 관리를 도와주는 습관에 지나치게 의존하게 될 수 있다. 그러면 중독이라는 새로운 문제가 생기게 된다. 이번에 다룰 주제는 중독은 아니지만 삶을 버텨내기 위해 해로운 습관에 너무 의존하고 있진 않은지 살펴볼 것이다.

의존의 수준이 중독인지 아닌지는 아마 본인이 가장 잘 알고 있을 것이다. 만약 스스로 판단하기 어렵다면 그 습관에 얼마나 빠져 있는지 판단해보길 바란다. 1~10까지 등급을 나눠 1은 드물게 필요한 수준, 10은 절대 스스로 멈출 수 없는 수준이라고 정의하자. 그런 후 당신의 습관이 끊을 만큼 해로운 습관인지, 어느 정도 수준까지 괜찮은지 자기 평가를 해보자. 한 가지 기준을 주자면, 보통 5~6 이상이라면 주의가 필요하다.

뭐든지 과하면 독이 되듯, 기분 전환에 도움이 되는 습관이라도 과하면 정반대의 효과를 가져올 수 있다. 이 장에서 내가 하는 말을 부디 열린 마음으로 들어주기를 부탁한다. 약간 불편하게 느껴지는 내용도 있을 것이기 때문이다. '위안'을 주는 습관을 버리라니 마음에 들지 않을 수도 있다. 하지만 내가 당신의 적이 아니라 아군이고 당신의 행복을 가로막는 일상 속 생각들을 없애는 것이 나의 궁극적인 목표라는 사실을 기억해주기 바란다. 내가 제시한 방법들은 해로운 대응 기제를 좀 더 긍정적인 것으로 바꿀 마음이 들도록 용기를 실어줄 것이다.

내 안의 해로운 습관에 솔직해지기

대부분 습관은 자동으로 행해지므로 문제라고 인식하기가 쉽지 않다. 지금 당신의 머릿속을 스치고 지나간 수많은 생각들 중 해로운 습관이 있을 수 있다. 혹은 그 습관의 존재를 알아차렸지만 애써 모른 척하고 싶을 수도 있다. 지금 불편하더라도 분명 도움이 될 만한 내용이 나올 테니 조금만 견뎌주기 바란다. 언제나 우리를 불편하게 만드는 것은 결국 우리를 성장하게 한다. 쉽지 않아도 받아들여야 한다.

나는 30년 동안 저마다의 이유로 힘들어하는 사람들을 만나면서 해로운 습관의 열 가지 패턴을 알게 되었다. 술, 향정신성 약물, 섹스, 포르노, 쇼핑, 도박, 음식, 게임, 소셜 미디어, 돈과 성공 그리고 명예가 그것이다. 그럼 앞장의 접근법들과 마찬가지로 자신의 해로운 습관이 어떤 패턴에 속하는지부터 살펴보자. 맞거나 틀린 답은 없다. 한두 가지 혹은 모든 패턴에 해당해도 좋으니 많다고 해서 스스로를 채찍질하지 않길 바란다.

몇 해 전에 헤로인에 중독된 젊은 남성 환자를 만났다. 그는 경과가 매우 좋다면서 치료를 그만 끝내고 싶다고 했다. 겨우 네 번만에 말이다! '도움 장치'가 더는 필요하지 않다는 것이었다. 불과 4주 만에 헤로인 중독 환자를 치료하다니 내가 참 유능하다고 생각하며 뿌듯해할 수도 있었지만 나는 그의 말이 거짓이라는 것을 알고 있었다. 거짓말 탐지는 심리치료사들에게 아주 흔한 능력이다. 게다가 나는 오랜 경험으로 그 능력이 특히 예리하게 다듬어져 있다. 그가 자신에게 혹은 나에게 솔직하지 않은 게 보였다. 좀 더 알아보니 그는 헤로인을 끊은 대신 코카인을(헤로인보다 덜 해롭다는 생각으로) 사용하기 시작했다. 해로운 습관이 고쳐지지 않고, 그저 다른 습관으로 대체된 것뿐이었다.

우리는 때로 보고 싶은 것만 본다. 해로운 습관을 버리고 싶은 당신에게 꼭 당부하고 싶은 것이 있다. 인정사정 봐주지 말고 자신에게 솔직해지라는 것이다. 그래야만 앞으로 나아갈 수 있다.

해로운 습관에 의존하는 이유

해로운 습관에 의존하는 이유에는 크게 세 가지가 있다. 첫째, 술처럼 손쉽게 이용할 수 있고 일시적으로 기분을 좋게 해주는 수단일수록 쉽게 습관으로 자리한다. 둘째, 자기 진정법을 배우지 못했기 때문이다. 자기 진정이란 자신의 감정을 알아차리고, 비판하지 않는 태도로 반응하며 자신을 돌보는 긍정적인 선택을 하고 감정을 조절하며 자신을 친절하게 대한다는 뜻이다. 또 마지막으로 자기 파괴 모드에 놓여 있기 때문이다.

손쉽게 이용할 수 있고, 순간적으로 기분을 진정시켜주는 해로운 습관에 빠지는 것도 충분히 이해가 된다. 요즘은 즉각 만족의 시대니까 더더욱 그렇다. 게다가 현대인은 뭔가를 '느끼는 것'을 그리 좋아하지도 않는다. 내담자 지미의 경우를 보자.

그는 결혼 생활이 삐걱거리고 직장에서도 엄청난 스트레스를 받고 있었다. 밀린 업무를 끝내느라 야근이 잦아졌고 밤마다 술을 마셨다. 일시적인 안도감은 느꼈지만 다음 날이면 언제 그랬냐는 듯 또 괴로워졌다. 피로와 숙취, 짜증, 수치심이 찾아왔고 행복도 멀어질 수밖에 없었다.

지미는 예측 불가한 외적 환경(업무 스트레스, 불안정한 결혼 생활 등)과 내적 갈등(내가 잘하고 있는가?)과 관련된 힘든 감정을 잊고 싶어 과로와 음주 습관에 빠진 것이다. 그가 자신을 위로하고 현실에 무감각해지기 위해 알코올에 기대게 된 것도 이해할 만하다. 그런 상황에 놓인다면 누구든 그럴 수 있다.

만약 지미가 결혼 생활의 위기와 업무 스트레스에 제대로 된 자기 진정법으로 접근했다면 결과는 달랐을 것이다. 부부 생활에 관한 조언을 구하거나, 체육관이나 클럽에 가입하거나, 업무 시간을 효율적으로 관리하는 등 스트레스 해소를 위해 전문가의 도움을 받거나 전반적으로 자신을 돌보는 방법을 찾았다면 말이다. 하지만 그는 방법을 몰랐다. 솔직히 지미뿐 아니라 자기 진정법이 무엇인지조차 모르는 사람들이 많다. 가정에서도 학교에서도 가르쳐주지 않기 때문이다. 대부분 그냥 '정신 차리고 추스르는' 방법을 배울 뿐이다. 자기 진정법을 배운 적이 없고 그런 것이 있다는 사실조차 모른다면 활용해본 적 없는 것도 당연하지 않을까? 덧붙이자면 배우지 않아서 그런 것만은 아니다. 어려서부터 보고 자란 것의 영향력도 작용한다. 가족이나 영향력 있는 누군가가 해로운 습관을 대응 기제로 활용하는 것을 보았다면 자신도 그렇게 할 가능성이 크다. 단순히 학습된 반응이므로 역시나 너무 자신을 몰아세우지 말아야 한다.

해로운 습관이 나쁜 이유는 이것들이 대체로 자기 파괴적 행동을 포함하고 있기 때문이다. 자기 파괴적인 행동에 따라오는 수치심은 반드시 다루어야만 한다. 아이러니하게도 애초에 해로운 행동을 하게 되는 이유가 수치심 때문인 경우가 많으므로 악순환이 저절로 반복된다. 남의 이야기 같지 않다면 상황을 바꿀 수 있는 사람은 오직 자신뿐이라는 사실을 알아야 한다.

습관이 파괴적이고 해로운 영향을 끼치고 있다면 자신에게 이유를 한번 물어보자. '왜 나는 나에게 이런 해를 끼칠까?', '나 자신에게 더 나은 대접을 받을 자격이 있지 않을까?' 이 질문을 떠올려본 적이 없다면 지금이라도 떠올려봐야 한다.

해로운 습관과 이별하는 여덟 가지 접근법

나는 이 문제에 다음의 여덟 가지 접근법을 쓰는데, 순서는 상관 없다. 아래 내용을 한번 읽어보고 필요한 사항을 적재적소에 활용해보길 바란다.

- 문제가 있음을 인정하기.
- 내가 이대로 부족함 없는 존재임을 떠올리기.
- 긍정적인 환경 만들기.
- 서서히 습관 끊기.
- 자기 진정법 배우기.
- 유익한 습관으로 바꾸기.
- 나쁜 습관을 영영 없애려면 어떤 도움이 필요한지 파악하기.
- 잘 풀리지 않는 날도 있음을 받아들이기.

먼저 해로운 습관이 있음을 인정하는 데서 시작해보자. 해로운 습관이나 중독 문제를 안고 있다는 사실을 스스로 인정하는 것이 가장 중요하다. 여기서 해로운 습관이란 기분 전환을 위해 혹은 스트레스나 불안을 줄이기 위해 반복적으로 하게 되는 행동이나 생각으로, 삶의 다른 부분에까지 피해를 준다면 그게 바로 나쁜 습관이다.

많은 내담자가 사랑하는 가족이나 친구와 함께 온다. 그런데 심리치료사인 나와 단둘이 남으면 (가족이나 친구는 밖에서 기다리고) 자신에게 아무런 문제가 없다고 말한다. 가족이나 친구를 안심시켜야 한다면서 나에게 공범자가 되어달라고 한다. 물론 나는 회유에 넘어가지 않는다. 보통은 그냥 돌려보내고 도움 받을 준비가 되면 다시 찾아오라고 한다. 이렇듯 나쁜 습관을 바꾸려면 문제를 인정하는 것이 우선이다. 스스로 인정하지 않으면 아무것도 바뀔 수 없다. 문제를 자각하지 못하면 해결하려는 욕구와 의욕이 생기지 않아 치료를 해도 개선될 확률이 매우 낮다. 그래서 솔직한 자기 분석이 정말로 중요하다. 다음은 자신의 문제를 부인하는 사람들이 자주 하는 거짓말이다. 아마 읽으면서 뜨끔하는 사람이 여럿 있을 것이다.

- 난 남들만큼 심하진 않아.
- 나는 자제할 수 있어, 매일 그러지는 않으니까.
- 난 즐길 자격이 있다고.
- 남 얘기는 들을 필요가 없어.
- 나중에 생각하자.
- 지금 말고 다음 주부터 시작하지, 뭐.
- 예전에도 실패했으니까 이번에도 못 할 거야.

나도, 세상의 그 어떤 심리치료사도 무엇이 나쁜 습관인지 알려줄 수 없다. 오로지 자신만이 알 수 있다. 회복의 길은 문제를 자각하는 순간 시작된다.

'나는 이대로 완전한 사람이다'라는 결심

대부분 습관의 이면에는 자신이 부족한 사람이라는 의식이 자리한다. 습관은 무언가에서 도망치는 수단이 되어주는데 그 무언가가 다름 아닌 자기 자신인 경우가 많다. 이대로 부족함 없는 사람이라는 결심은 당신을 흔들리지 않게 잡아주는 든든한 버팀목이 되어준다.

예를 들어 성취를 통해 계속 자기 가치를 증명하고자 하는 것은 자신이 이대로 '충분한' 사람이라는 진실에 닿으려는 행동이다. 다시 말하자면 자신이 중요한 존재임을 알고, 있는 모습 그대로 받아들이는 것은 행복해지는 데 정말로 중요하다. 안정감이 생겨서 공허감을 채우려는 나쁜 습관에 기대지 않게 된다. 자신이 이대로도 충분한 사람임을 자주 되새기면 머지않아 정말로 그렇게 믿게 된다.

아무리 무감각해지려 애쓰고 피하고 숨고 자신에게서 도망쳐도 결국은 문제와 정면으로 마주 보지 않으면 해결할 수 없다. 나는 진짜 마라톤 말고도 나 자신에게서 도망치는 비유적인 마라톤도 여러 번 해보았다. 도망치는 것은 해결책이 아니다. 문제를 마주 보는 것이 유일한 해결책이다.

내가 이대로 완전한 존재임을 깨닫고 변화하려는 마음을 먹었다면 이젠 긍정적인 환경을 만들어야 한다. 뭔가를 바꾸려면 문제와 관련된 결정을 내리는 것만으로는 부족하다. 해로운 습관을 없애려면 삶의 다른 부분에도 진단이 필요하다. 주변 사람들, 환경, 하루 일정, 계획 등 개인과 관련 있는 모든 요소가 중요하다.

습관은 서서히 끊고, 유익하게 바꿔라

술을 너무 마시는 것, 일을 너무 많이 하는 것, 힘을 행사하려는 것 등 고치려는 습관이 무엇이든 다음 단계는 의존성과 횟수를 서서히 줄이는 것이다. 처음에는 어렵다. 그래서 서서히 줄여나가는 것이 중요하다. 특히 알코올이나 약물 같은 물질을 줄이는 것과 관련해서 꼭 하고 싶은 말이 있다. 시작하기 전에 반드시 전문가와 상담하라는 것이다. 뭔가를 끊을 때 나타나는 '금단 증상'에 대처하려면 의학적인 도움이 필요할 수 있다.

좀 더 일반적인 지침으로 돌아가, 어떤 습관을 고치고 싶다면 서서히 끊는 계획을 세우기 바란다. 그래야 감당할 수 있는 일정한 체계 안에서 진행 상태를 추적할 수 있다. 느려도 꾸준한 방법이 최고다. 습관은 오랜 시간 동안 몸에 깊이 밴 경우가 많다. 단계적으로 천천히 줄여나가면 합리적인 속도로 새로운 습관이 만들어진다. 다이어트 연구에서도 보듯 빠른 효과가 나타나는 극단적인 방법으로는 지속가능한 성공을 거두기 어렵다. 예를 들어 해로운 습관적 행동을 하루에 다섯 번 한다면 처음 며칠 동안은 네 번으로 줄여보자. 함께 노력하는 그룹에 가입해 도움을 얻거나 진행 과정을 개인적으로 기록하는 것도 도움이 된다.

앞서도 말했지만 모든 습관이 해로운 것은 아니다. 나쁜 습관은 줄이거나 아예 없애고, 그 외의 습관은 좀 더 유익한 쪽으로 바꾸는 것도 좋은 방법이 될 수 있다. 부작용 없이 몸과 마음, 영혼을 풍요롭게 해주는 습관이어야 한다.

또한 나쁜 습관을 영영 없애려면 어떤 도움이 필요한지 파악하는 단계 역시 중요하다. 어떤 습관이며 어느 정도 심각한지에 따라 달라진다. 하지만 대표적인 중독 연구들이 전부 보여주듯 치료와 집단, 공동체, 프로그램 같은 지지 시스템은 회복에 큰 도움을 준다. 목표가 같은 사람이 단 한 명만 있어도 덜 외로운 과정이 된다. 한 명 또는 여러 명과 진행 과정을 공유하는 방안을 마련하거나 다짐을 계속 지킬 수 있도록 누군가에게 검사받는다. 판단하지 않고 지지를 보내주는 사람이어야 한다. 비난과 괴로움을 선사하는 사람은 피해야 한다! 전혀 도움이 되지 않으니까.

자기 진정법을 배워라

간단히 말해서 자기 진정이란 어려운 감정이나 경험을 다루는 방법을 자기 안에서 찾는다는 뜻이다. 내담자 조지는 힘든 삶에서 위안을 얻고자 도박에 기댔다. 과거로 인한 고통스러운 감정을 다루기가 너무 힘들었기 때문이다. 그에게 도박은 외적인 진정 수단이었다. 나는 좀 더 유익한 내적인 자기 진정법으로 고통에 반응하는 방법을 그와 함께 찾고자 했다. 여기에는 내면의 목소리 친절하게 바꾸기, 이완 기법으로 마음 조용히 시키기, 도박 행위 조절하기, 자신과 상황을 비난하지 않기, 수치심을 일으키는 과거의 경험 다루기 등이 포함되었다.

자기 진정은 사람마다 의미가 다를 수 있으므로 자신에게 맞는 방법을 쓰면 된다. 간단히 말해서 마음을 편안하게 해주는 행동이나 말, 변화, 습관, 행동을 스스로 실행한다는 뜻이다. 어떤 사람에게는 요가일 수 있고 다른 사람에게는 느긋한 산책이나 명상일 수 있다. 연민과 친절, 쉽게 판단하지 않는 태도에서 나오는 행동이라면 무조건 옳다. 내가 장담하건대, 자기 진정법을 배우고 연민과 친절로 자신을 대하면 삶의 모든 것이 바뀐다.

사람들은 대부분 종종 자신을 비하하거나 멋대로 판단하며 자신을 형편없이 대한다. 자신에게만 유독 엄격한 잣대를 들이밀며 그야말로 흠씬 두들겨 팬다. 이런 행동은 멈추어야 한다. 자신에게 가혹하게 굴면 삶도 가혹해진다. 그런 식으로 행복해진 사람은 아무도 없다. 여전히 자신에게 가혹한 이들에게 내가 꼭 지키려고 노력하는 신조를 전한다. 타인에게 상처가 될 것을 알기에 하지 않을 말이나 행동이라면 자신에게도 하지 말아야 한다.

마지막으로 잘 풀리지 않는 날도 있음을 받아들이는 연습을 하자. 당연히 생각처럼 잘 되지 않을 때도 있을 것이다. 살다 보면 예상치 못한 변화나 굴곡이 생긴다. 변화를 이루어나가는 시간 동안에는 휘청거려도 괜찮다고 생각해야 한다. 그래야 실수하거나 잘 안 풀려도 괜찮다는 것을 알 수 있다. 무엇보다 그래야만 비관하거나 실패로 단정 짓지 않고 다시 시작할 수 있다. 오랜 습관을 완전히 뿌리 뽑으려면 인내와 이해심, 유연성이 필요하다. 이름만 대면 누구나 다 알 정도로 성공한 사람들도 실패를 거쳐서 성공했다. 성공은 실수하지 않는 것이 아니라 다시 일어나는 능력이다. 실패를 두려워하지 마라. 잘 풀리지 않는 날도 있어야 정상이다. '뭐, 이런 날도 있는 거지'라는 말과 함께 코웃음치는 날이 오기를 바란다.

어떻게 행복해질 것인가

뭔가를 잠시 잊거나 영향력을 줄이려는 목적으로 사용되는 해로운 습관은 절대로 근본적인 문제를 해결해주지 못한다. 내가 심리치료사이기에 너무도 잘 아는 사실이다. 그런 습관을 (필요에 따라) 없애거나 줄이거나 바꿔야만 비로소 행복해진다. 왜일까? '안전 행동'에서 자유로워지기 때문이다.

이것은 불안 관리 분야에서 자주 사용되는 용어인데 행복과도 연관이 깊다. 당신이 빠져 있는 습관은 불안과 불행을 즉각적으로 해결하고 '흥분감'을 제공하는 안전 행동에 불과하다. 그러다 보니 문제가 근본적으로 해결되지 않는 땜질식 대책에 의존하게 된다. 이는 장기적으로도 진정한 행복을 가져다주지 못한다.

해로운 습관을 버리고 안전 행동의 마취 효과가 사라지면 처음에는 무척 불편하겠지만 비로소 진정한 자신을 만날 수 있다. 자연스럽게 솟아나는 감정을 피하지 않으면 하루하루를 충실하게 살 수 있다. 진정으로 행복해지려면 반드시 삶을 있는 그대로 경험해야만 한다. 또한 무언가에 의존하지 않고 자기 스스로 삶을 헤쳐나갈 때 강인해질 뿐 아니라 회복 탄력성도 생긴다. 이처럼 우리가 하는 선택은 모두 행복에 영향을 끼친다. 스스로 행복을 일굴 힘이 있다는 사실이야말로 인간의 가장 흥미진진한 특징이다.

앞으로 달라지겠다는 모호한 생각만으로는 큰 성과를 이룰 수 없다. 습관을 바꾸려면 헌신적인 노력이 반드시 필요하다. 2장에서도 말했지만 뇌의 배선은 고정되어 있다. 따라서 정말로 해로운 습관을 바꾸고 싶다면 반응 방식을 바꿈으로써 뇌의 배선을 서서히 바꿔나가야 한다. 우리가 하는 모든 행동과 결정으로 가능한 일이다. 이는 근본적으로 뇌의 연결망을 새로 만드는 것이다. 예를 들어 스트레스가 심할 때마다 밤에 와인을 마신다면 그런 반응이 뇌에 프로그래밍된다. 하지만 습관적인 행동을 줄이거나 멈추면(필요에 따라) 즉시 새로운 반응 시스템이 만들어지고 신경회로의 정보 전달에도 변화가 생긴다. 새로운 반응을 선택할 때마다 신경회로에 생긴 변화가 굳어진다. 그러면 새로운 습관이 만들어질 수 있다.

긍정적으로 반응하려는 헌신적인 노력이 중요하며 반드시 일관성 있게 실천해야 한다. 어떤 습관을 바꾸려고 노력할 것인지, 더 이로운 습관은 무엇인지 적어보자. 그리고 메모해둔 결심을 매일 읽어보거나 메모한 것을 항상 가지고 다니면서 결심이 흐려질 때면 언제든 참고하자. 우리는 변할 수 있다. 이제 앞을 가로막는 습관은 발로 차버리고 지금보다 행복해지는 여정을 시작하길!

해로운 습관을 내려놓는 행복 처방전

STEP 1 해로운 습관을 인정하자

- '나는 남들만큼 심하지 않다'는 착각에서 벗어나자.

STEP 2 '나는 이대로 완전한 사람'이라는 결심을 하자

- 내가 이대로 완전한 존재임을 스스로에게 알려주자.

STEP 3 습관은 서서히 끊고, 유익하게 바꿔나가자

- 오래된 습관일수록 빈도를 줄이는 방법을 택하자.

STEP 4 자기 진정법을 배우자

- 해결책은 내 안에 있다. 자신에게 친절해질 때 삶의

모든 것이 바뀐다.

7장

내 몫의 책임과 함께
진정한 내 인생을 사는 법

나는 당신을 불행에서 구해줄 수 있는 사람은
오직 자신뿐이라는 사실을 알려주고 싶다. 자
기 인생을 스스로 책임지고 남에게 맡기지 않
도록 도와주고 싶다. 괴로움 속에도 선택의 기
회는 있다. '남 탓하기'라는 포근한 이불을 걷
어버리고 다시 시작하든가, 계속 그 이불을 덮
고 있든가 선택은 언제나 당신 몫이다.

당신이 불행한 이유가 궁금합니다

흥미로운 질문을 하나 던져보겠다.

"당신은 어떻게 스스로를 불행하게 만들고 있는가?"

이런 질문을 하는 이유는 불행의 가장 큰 원인이 자기 자신일 가능성이 크기 때문이다. 심리치료를 받았던 20대 초반의 나이에 그 질문을 들었을 때 어찌나 열 받던지! 내가 스스로 불행해지기를 선택했다니, 내가 나를 불행하게 만들고 있다니 말이 되는가? 나는 힘든 어린 시절을 보냈고 시련도 많이 겪었다. 하지만 돌이켜보니 생각보다 내 불행에 나 자신이 많이 일조하고 있다는 사실을 처음 깨닫고 깜짝 놀랐다.

만약 당신도 지금 화가 난다면 충분히 이해한다. 심리치료사로 일하다 보면 온갖 욕이란 욕은 다 듣는다. 내 말이 불편하거나 분노가 치민다면 지극히 정상적이고 이로운 반응이다. 원래 가치 있는 변화는 처음에 쉽게 수긍하기 어려운 법이다.

다시 질문으로 돌아가자. 그 질문이 쓸데없지 않았던 이유는 나에게 깨달음을 주었기 때문이다. 불행의 이유를 솔직하게 인정하고 고백하는 것보다 힘든 과거와 부정적인 경험, 거절의 탓으로 돌리면 훨씬 간단해진다는 사실 말이다. 불행의 책임을 자기 밖으로 돌리면 책임질 필요가 없어진다. 나는 오히려 내 인생의 피해자이므로 어쩔 도리가 없었다. 그러니 가끔 자기 연민에 젖는다고 안될 건 없지 않은가?

아니, 그래서는 안 된다. 내가 꽉 막힌 상황에서 벗어나지 못하고 계속 제약을 받은 이유도 그 때문이었다. 당시에는 이 사실을 알 만한 정서적 통찰이나 지식이 없었다. 심리치료를 받고 나서야 불행이 그 누구도 아닌 나의 책임이라는 사실을 알게 되었다. 무언가를 탓할수록 아무것도 변하지 않는다. 스스로 책임을 인정하면 현재를 바꿀 수 있는 더 큰 힘이 주어진다.

과거가 불행한 사람들이 오는 곳

나를 찾아오는 내담자들도 대부분 마찬가지다. 나는 우선 이렇게 묻는다. "왜 힘들다고 생각하세요?" 가끔 '그걸 알려 달라고 돈

췄잖아'라는 반응도 나오지만 대부분은 과거에 있었던 일을 줄줄 얘기한다. 자신의 행동이나 반응에 대한 책임을 인정하는 것부터 시작하는 사람은 한 명도 없다.

물론 모든 사람의 불행에는 근거가 있다. 부당한 대우를 받았을 수도 있고, 경제적으로 어려워 엄청난 스트레스에 시달리고 있을 수도 있다. 실제로 이런 일들은 개인의 불행에 일조하기도 한다. 하지만 불행의 지속은 대부분 개인의 책임이다. 당신도 마찬가지다.

받아들이기 어렵겠지만 당신을 가로막는 장애물을 헤쳐 나가는 해결책은 바로 자신이다. 우주의 기운에 맡기고 행복한 생각을 하면 다 좋아진다는 사이비 과학 같은 헛소리를 잔뜩 늘어놓을 수도 있겠지만 그런 말은 산타 할아버지가 진짜로 존재한다는 주장이나 다름없다.

몇 달 전 모임에서 한 여성과 대화를 나누다가 그만 내 직업을 알려주는 대실수를 저질렀다. 심리치료사라는 직업도 그렇지만 거기에 '자기계발서 작가'라는 직함까지 더해지면 곧바로 상대는 '내 인생을 고쳐줄 수 있나요?'라는 반응을 보인다. 그녀도 다르지 않았는데 10분도 안 되어 지금까지 자신이 살아온 이야기를 줄줄 읊었다. 한마디로 삶이 슬프고 만족스럽지 못하다는 이야기였다. 그녀는 런던을 떠나 새로운 직업과 관계를 찾고 싶어 했다. 괴로움이 훤히 보이는 데다 예의 없게 굴고 싶지 않아서 잠깐 이야기를 나누었다. 목표를 위해 무슨 노력을 하고 있는지 물었다. 그녀는 잠깐 머뭇거리다가 답했다. "아무것도요." 그저 언젠가 희망 사항이 이루어지기를 바란다고 했다. 그녀는 인생이 원하는 방향으로 흘러가고 있지 않은데도 자기 삶에 아무런 책임도 지고 있지 않았다. 그리고는 이 모든 게 몇 해 전에 했던 나쁜 연애 때문이라며 현재의 불행을 전부 과거의 연애 탓으로 돌렸다. 사방이 꽉 가로막혔지만 그녀가 바라는 마법 같은 기적이 일어날 가능성은 전혀 없었다.

진정한 자유를 만나다

내가 지금 불행한 이유는 있지만 그렇다고 앞으로도 꼭 불행할 필요는 없다는 사실을 아는 순간, 당신은 자유로워질 수 있다. 당신의 괴로움과 고통, 투쟁, 문젯거리, 상실감을 과소평가하거나 무시하는 것이 아니다. 당신이 엄연히 느끼는 감정이 틀렸다는 말도 아니다. 삶이 고통스럽고 힘들 수 있다는 걸 나 역시 잘 알고 있다. 다만 내가 하고 싶은 말은 과거의 고통과 무력감에만 젖어 있기보다 앞으로 긍정적인 삶을 꾸려나가는 데 활용할 방법을 함께 찾아보자는 것이다.

얼마 전 나는 서로 지지하며 정신 건강을 챙기는 한 단체의 관계자와 의견 차이가 있었다. 불안증이 있는 사람들에겐 귀 기울여 주는 사람이 필요하며 자신의 걱정거리에 대해 말할 기회가 많이 주어져야 한다는 것이 그의 생각이었다. 요가와 명상처럼 마음챙김을 실천하는 방법은 오히려 불안증 환자들에게 역효과만 일으킨다고도 했다. 한마디로 불행한 사람은 스스로 원하는 만큼 고통에 몰두하고 주변으로부터 많은 공감을 받아야 한다는 주장이었다.

나는 불안한 사람들을 위한 경청과 공감도 매우 중요하지만 자신을 스스로 돌보는 방법도 배워야 한다는 의견을 내놓았다. 지속적인 언어 표현은 불안과 걱정을 강화하고 키울 뿐이라고 설명했다. 앞서 말한 안전 추구 행동에 대한 의존성이 커져서 불안이 심해지기 때문이다. 기분을 다루는 것도 마찬가지다. 부정적인 생각을 계속 곱씹으면 불행이 커진다는 사실은 수많은 연구로 이미 증명되었다.

당연히 관계자는 나의 반론을 달가워하지 않았다. 하지만 나는 불행한 사람들을 달래고 계속해서 공감해줄 뿐 꽉 막힌 상황에서 앞으로 나아갈 수 있는 해결책을 주지 않는 방법에는 절대로 동의할 수 없다. 이는 친절하고 공감 잘해주는 모습을 보여줄 뿐 실은 불안한 사람들을 더욱더 의존적이고 무력하게 만드는 지름길이다. 그들을 위하는 길도 아니고 장기적으로 이롭지도 않다.

나는 당신을 불행에서 구해줄 수 있는 사람은 오직 자신뿐이라는 사실을 알려주고 싶다. 자기 인생을 스스로 책임지고 남에게 맡기지 않도록 도와주고 싶다. 괴로움 속에도 선택의 기회는 있다. '남 탓하기'라는 포근한 이불을 걷어버리고 다시 시작하든가, 계속 그 이불을 덮고 있든가 선택은 언제나 당신 몫이다. 과거는 바꿀 수 없지만 이미 일어난 일에 어떻게 대처할지는 바꿀 수 있다는 점을 명심하기 바란다.

우리가 남을 탓하는 다섯 가지 이유

지금쯤이면 이 접근법에 익숙해졌겠지만 자신에게 전혀 도움이 되지 않는 방법을 계속 활용하는 이유를 먼저 살펴보아야 한다. 짐작하듯 남 탓은 무의식적으로 일어나는 과정이다. 다시 말해서 자신이 누군가를 탓하고 있다는 사실조차도 모른다. 탓하기는 자동적인 반응인 데다 그것이 옳은 일이라고 믿게 만드는 간사함까지 갖추었다. 탓하기에 사용되는 언어적 표현은 자기 자신을 피해자, 억울한 사람, 동정받아 마땅한 사람이라는 위치에 놓아준다. 내가 억울한 피해자의 위치에 놓인다니 듣기 싫은 말이지만 살다 보면 자기 탓이 아닌 상황, 그렇기에 타인의 친절과 공감 반응이 자동으로 나오는 상황에 놓이는 것이 편할 때가 있다. 시련과 역경에 대해 삶이 주는 보상처럼 느껴지기도 한다. 계속 화낼 권리도 생긴다. 분노는 가끔 정당하고도 강력한 힘을 주는 감정처럼 느껴진다. 하지만 분노의 감정에 계속 머무르는 것은 좋지 않다. 결국, 사방이 꽉 막혀버리고 힘도 잃게 된다.

요약해보자면 우리는 '남 탓'을 대응 기제로 사용하거나 자기 행동을 정당화하기 위해 사용한다. 우리는 주로 아래 다섯 가지의 요인이 동기가 되어 남 탓을 한다.

첫 번째 요인은 '피해자 마비'다. 이는 자신이 피해자이므로 피해자의 역할에 충실해야 한다는 믿음에 갇혀 있는 상태를 말한다. 내가 만났던 내담자 필은 10대 청소년기에 뚱뚱한 몸 때문에 괴롭힘을 당했다. 그래서 어른이 된 후에도 남들이 체구만 보고 자신을 불공평하게 판단하고 무시한다고 믿게 되었다. 사람들이 자신을 나쁘게 대한다고 느꼈기에 아무런 도발이 없을 때도 방어적으로 변했다. 자신이 피해자라는 생각에서 벗어나지 못한 것이다. 그렇게 삶의 모든 영역에서 갈등을 겪었고, 당연히 매우 불행해졌다. 그는 이후 심리치료를 통해 스스로 피해자라는 믿음과 남들의 시선에 대한 오해가 문제라는 것을 깨달았다. 남을 탓하다 보니 감정이 마비되어버렸던 것이다.

두 번째는 '정체성 애착'이다. 자기 자신이 타인에게 부당한 취급을 받았으며, 스스로 운이 나쁜 피해자라는 정체성에 과하게 집착하는 것을 의미한다. 이는 탓하기가 오랜 행동 패턴으로 굳어진 사람들에게서 자주 볼 수 있다. 상당히 오랜 기간 그 정체성에 매우 익숙해져 있어 자신의 다른 정체성이 사라져버리는 일도 흔하다. 테러리스트의 폭탄 공격으로 심하게 다친 지인이 있다. 당연히 처음에 그녀는 분노로 가득했다. 5년이 지난 후에도 여전히 그 사건이 인생을 망쳤다고 원망했다. 남편이 전문가의 도움을 받아 과거에서 벗어나고 삶을 되찾자고 제안하자 그녀는 불같이 화를 냈다. 그렇게 끔찍한 사건을 왜 잊으라고 강요하는지 이해할 수 없다고 했다. 그녀는 자신도 모르는 사이 그 사건이 인생을 망쳤다고 탓하는 행동에 익숙해져 그것을 그만둔다는 생각만으로도 고통스러운 것이었다.

세 번째는 '회피 반응'이다. 삶의 어떤 측면에 개입하지 않는 것을 '탓하기'를 통해 정당화하는 것이다. 예를 들면 '나쁜 일이 생길까 봐 집 밖으로 못 나가겠어. 1년 전에도 그런 일이 있었잖아'처럼 여러 가지 핑계로 평소에 피하고 싶었던 불편한 일들에서 벗어날 수 있는 정당한 권리를 얻는 것이다.

다음으로는 '강력한 무력함'을 들 수 있다. 이는 상황이나 사람에 대한 지배권을 갖기 위해 탓하는 것을 말한다. 당신이 겪은 어떤 일 때문에 주변 사람들이 당신의 눈치를 보거나 당신의 말에 반박할 때 죄책감을 느끼는 경우가 이에 해당한다. 이것도 내담자들에게서 흔히 발견할 수 있는 패턴이다. 내가 내담자들에게 바뀌거나 벗어나려는 노력이 필요하다고 격려해주는 순간, 힘겨루기가

7장 내 몫의 책임과 함께 진정한 내 인생을 사는 법

시작된다. 거의 주도권 다툼이나 다름없다! 그들은 변화해야만 하는 이 불편한 상황에서 벗어나고자 힘든 과거를 계속 붙들고 있으려 한다. 대부분 이렇게 말한다. "못 해요. 왜냐하면……", "안 될 거예요. 왜냐하면……", "그런 제안은 하지 마세요. 왜냐하면……" 이는 강력한 무력함이다. 무력한 상태에서 변화를 거부하는 힘을 꽉 붙들고 있으려한다.

마지막으로 '이차적 이득'을 들 수 있다. 이는 남 탓을 할 때 자신에게 유리한 쪽으로 상황을 끌고 갈 수 있는 권리를 얻게 되는 경우를 말한다. 자동차 사고로 외상 후 스트레스 장애PTSD가 생긴 사라의 치료를 맡았을 때의 일이다. 사라는 사고로 1년 동안 병원에 입원해 있었고 일도 2년 동안이나 쉬어야 했다. 심리치료가 끝나갈 무렵에는 몸이 완전히 회복되었고 외상 후 스트레스 장애도 성공적으로 치료되었다. 하지만 마지막 상담을 앞두고 사라의 기분 상태는 매우 나빠져 있었다. 사고를 낸 상대 운전자에 대한 분노가 되살아난 것이다. 사라는 점점 흥분하더니 그동안 일도 할 수 없었고 인생이 완전히 망가졌다면서 상대 운전자를 향한 분노를 마구 쏟아냈다. 그러고는 그냥 집에 가서 누워 있고 싶다고 했다. 우리는 함께 그녀의 상태를 짚어보았다. 그녀는 사고로 병원에 입원해 있는 동안 직장도 쉬고 가족들의 애정 어린 간호도 받아서 무척 좋았다고 말했다. 이런 행복한 생활이 끝나지 않았으면 좋겠다는 마음에 가해자가 다시금 너무 미워졌다는 것이다.

내가 소개한 이 사례들이 탓하기, 혹은 문제 해결에 대한 책임 회피 패턴의 원인을 이해하는 데 도움이 되었기를 바란다. 인정하기 불편한 것도 있겠지만 진짜 문제를 의식하고 알아차릴 때 분명 지금보다 행복해질 수 있다. 이 사실을 기억하면서 탓하기와 책임 의식 문제를 다루는 방법을 살펴보자.

남 탓을 내려놓는 법

언제나 그렇듯 이 문제도 단계적 과정을 통해 살펴볼 것이다. 자신에게 가장 효과적인 단계를 활용하면 된다. 이 분야에 가장 효과적이라고 생각되는 수용전념치료acceptance and commitment therapy, ACT 라는 방법을 활용하려 한다. 우리는 아래 네 가지 방식에 따라 문제 해결을 진행할 것이다.

- STEP 1 : 받아들이다.
- STEP 2 : 무엇을 배웠는가.
- STEP 3 : 어떤 가치가 나를 나아지게 할 것인가.
- STEP 4 : 책임지기.

STEP 1 : 받아들이다

첫 번째 단계는 받아들이는 것, 즉 '수용'이다. 먼저 확실히 해둘 것이 있다. 여기에서 수용은 과거의 커다란 사건이나 시련에 소극적이거나 무시하는 태도로 접근하라는 뜻이 아니다. 당신은 끔찍한 트라우마와 상실, 사별, 고난, 부당함 같은 여러 고통스러운 일을 경험했을 것이다. 그런 일들이 지금의 크나큰 고통을 만들었는데 그냥 받아들이라고 한다면 이는 너무도 무지한 말이다. 약속하건대, 절대로 그런 뜻이 아니다.

클로이는 어린 자녀를 잃었다. 그 고통의 크기를 나로서는 감히 상상할 수조차 없다. 상담 시간에 수용이라는 개념을 다루게 되었을 때, 그녀는 불같이 화를 내며 아이가 죽었다는 사실을 절대로 받아들일 수 없다고 소리쳤다. 신을 탓했고 자신이 나쁜 사람인 것 같다고 했다. 그렇게 쓰러져 울다가 말했다.

"현실을 받아들이면 내 아이가 영영 돌아오지 않는다는 사실을 받아들여야 하잖아요. 난 아들을 절대로 잊고 싶지 않은데."

그녀의 이 말이 우리의 치료 작업에 출발점을 제공했다. 그날 클로이는 현실을 받아들이는 것이 아이를 잊어버리는 게 아니라는 사실을 깨달았다. 그동안 스스로 삶을 멈추었다는 사실도. 우리의 작업은 아이가 떠났다는 끔찍한 현실을 받아들이는 것으로 초점이 맞춰졌다. 클로이는 수용을 통해 아픔을 다룰 수 있게 되었고 다시 자신의 삶을 살아도 된다고 스스로에게 말을 걸 수 있게 되었다.

나는 치료사로 일하면서 매일 현실을 받아들이기 거부하는 사람들을 만난다. 그들은 "그 일만 없었더라면 난 지금 멀쩡할 텐데", "절대 그 사람을 용서하지 않을 거야. 그 사람이 나를 망쳤어", "내 잘못이 아니야. 다 주변 상황 때문이야", "과거 때문이야. 내가 선택한 삶이 아니라고!"라고 말하며 문제를 탓하기만 할 뿐이었다.

문제를 탓하는 것은 그 어떤 것도 해결해주지 않는다. 탓할 만한 정당한 이유가 있어도 마찬가지다. 결국 언젠가는 현실을 받아들이지 않으면 안 된다. 이미 일어난 일은 바꿀 수 없고 없던 일로 할 수가 없다. 하지만 받아들인다고 해서 그 일이 꼭 일어나야만 했거나 옳거나 정당한 일이라는 뜻은 아니다. 수용은 삶을 있는 그대로 온전하게 받아들인다는 뜻이다.

12단계 중독 치료 프로그램에 이런 문구가 나온다.

"바꿀 수 없는 것을 받아들이도록 도와주소서."

중요한 지혜가 담긴 말이다. 지금 당신이 앞으로 나아가지 못하는 이유는 어떤 일에 대해 끊임없이 생각하면서 타인이나 불운을 탓하느라 자신의 책임을 받아들이지 못하기 때문인지도 모른다. 이제는 현실을 있는 그대로 받아들여야 할 때다. 인생의 주인은 나다. 인생을 살 수 있도록 허락할 수 있는 사람도 나뿐이다.

탓하기가 남의 이야기처럼 들리지 않는다면 탓할 때마다 따라오는 감정을 잘 알고 있을 것이다. 분노, 원망, 반발심 같은 감정 말이다. 이런 감정은 무언가를 탓하는 자신의 행동이 더욱더 정당한 것처럼 보이게 해준다. 하지만 생각을 바꿔 탓하기라는 행동 패턴으로 나를 가둬버린 시련이 나에게 가르쳐준 것은 없는지 생각해보자. 남을 탓하고 원망하는 무력한 상태에서 탈피해 곧바로 주도권을 얻게 될 것이다.

이때 과거의 시련에서 배운 점을 적은 뒤 일상생활에 대입해보는 방법이 유용하다. 다음과 같은 부분을 생각해볼 수 있다.

- 도움이 되었던 극복 전략은 무엇인가?
- 어떤 지원 체계의 도움을 받았는가?
- 매일 어떻게 견뎠는가?
- 주변에서 누가 도와주었는가?
- 어떤 사고방식이 도움이 되었는가?
- 어떤 자조적 방법이 도움이 되었는가?

이 과정에서 내담자들은 그동안 자신이 알지 못했던 자신의 힘

165

을 재발견하는 경우가 많다. 스스로 회복할 수 있는 힘(회복 탄력성)을 가졌다는 것, 생각보다 강한 멘탈을 가졌다는 것, 희망과 용기를 잃지 않을 수 있도록 누군가에게 도움을 청할 수 있다는 점 등을 깨닫는다. 자신이 피해자가 아닌 경험을 통해 많은 것을 배운 사람이 되는 것이다. 이제부터는 '내가 부당한 취급을 당했는가?'라고 생각하지 말고 이렇게 생각해보자. '무엇을 배웠는가?'

STEP 3 : 어떤 가치가 나를 나아지게 할 것인가?

개인마다 삶의 목적에 들어맞는 가치가 있다. 살아가야 할 이유, 살아 있음을 느끼게 해주는 것 말이다. 내 가치와 당신의 가치가 다르므로 모든 사람에게 적용되는 법칙이란 없다. 자신에게 질문해보자. 무엇이 자신을 움직이는지 생각해본 적이 있는가? 당신에게 중요한 것은 무엇인가? 어떤 사람으로 기억되고 싶은가?

지난해 어느 심리치료 프로그램의 진행을 맡았다. 사이먼이라는 참가자가 모두에게 들려준 이야기가 오랫동안 기억에 남았다. 그는 사는 동안 내내 매우 불행했는데 혼란과 가난으로 얼룩진 어린 시절 탓이라고 생각했다. 삶이 자신에게만 '너무하다는' 생각이 들었다. 스스로 피해자라는 생각으로 남을 탓하는 패배주의에 빠져

지냈다고 했다. 어느 날 열한 살 아들이 공동묘지에 관한 숙제를 하고 있었다. 아들은 사이먼에게 묘비명에 뭐라고 쓰고 싶은지 물었다. 사이먼은 처음에 당황했지만 자신도 모르게 튀어나온 것은 '변화를 이룬 사람'이라는 말이었다. 아들에겐 웃으면서 말했지만 자신이 원하는 가치대로 살고 있지 않음을 깨달았다. 탓하기와 자기연민, 분노는 그가 원하는 삶엔 필요 없었다. 삶을 되돌아보며 책임의식을 갖기 시작하자 사이먼의 삶에는 커다란 변화가 일어났다.

당신은 묘비에 어떤 문구가 적히길 바라는가? 그 문구에 어울릴 만큼 현재 자신이 원하는 가치에 부합하는 삶을 살고 있는가? 그렇지 않다면 이제 변해야 할 시간이다.

STEP 4 : 책임지기

나는 상담치료사로 일하면서 내담자들이 상담을 계속 받을지, 여기서 멈출지 고민하는 순간을 여러 번 목격했다. 이 고민은 대개 치료사가 더 이상 자신을 '고쳐줄 수 없다'는 사실을 깨달았을 때 시작된다. 고민하던 내담자의 대부분은 돌아오지만 그렇지 않은 이들도 여럿 있었다.

이런 책을 읽다 보면, 특히 지금 이 장에서 다루는 주제와 맞닥

뜨리면 똑같은 일이 일어날 수 있다. 하지만 지금이야말로 탓하기와 책임을 지지 않는 태도가 행복의 장애물로 작용한다는 사실을 인정할 기회다. 그 사실을 인정하는 것만으로도 커다란 걸음을 내디딘 것이다. 이 장에서 값진 통찰을 얻는다면 다른 선택을 할 기회가 생긴다. 그냥 똑같이 살 수도 있지만 새로 시작할 수도 있다. 지금보다 행복해지는 길을 선택할 수 있다.

지금까지 내가 목격한 남을 탓하고, 자신의 책임을 받아들이지 않는 것의 문제 사례를 하나도 빠짐없이 되돌아보았다. 이런 사례가 정말 놀라울 정도로 많았다. 하지만 언제나 문제에서 벗어나는 순간, 긍정적인 효과를 깨닫는 순간 눈에 띄게 개선된다. 탓하기를 내려놓는 것 하나만으로도 우리는 아주 여러 가지 긍정적인 효과를 경험할 수 있다.

탓하기는 분노와 같은 편을 먹는 부정적인 감정이다. 따라서 탓하기가 줄어들면 편안함과 평화로움이 찾아온다. 또한 탓하기라는 핑계에서 벗어나는 순간 그동안 나를 괴롭혔던 무기력함과도 이별할 수 있다. 또 탓하기로 미뤄왔던 자신의 책임을 온전히 받아들일 때, 우리는 더 큰 사람이 된다. 비로소 스스로 삶의 주도권을 쥐고 살아갈 수 있게 되는 것이다. 스스로 책임지지 않으면 언제든 입지가 약해질 수밖에 없다. 책임지는 습관은 자신의 힘이 커지고 더 강인해지는 지름길이다.

남 탓을 내려놓고 내 인생을 살다

이쯤이면 책임 의식을 가져야 하는 이유가 분명해졌을 테니 더는 강조하지 않겠다. 당연하지만 필요한 행동에 전념하는 것이 가장 중요하다. 마지막으로 꼭 일깨워주고 싶은 것이 있다면 기존의 행동 패턴은 워낙 뿌리 깊게 스며들어서 매일 꾸준히 노력해야 없앨 수 있다는 사실이다. 기존의 패턴으로 돌아갈 때마다 알아차려야 한다. 편하고 익숙하게 느껴진다고 유익하다는 뜻은 아니다. 그것은 그저 관성 때문이다. 탓하기와 책임 회피는 언제든 빠지기 쉬운 함정이므로 항상 주의가 필요하다.

매일 일기를 쓰는 것이 도움이 될 수 있다. 블로그에 포스팅하거나 목소리를 녹음하거나 편한 대로 하면 된다. 매일 진행 상황을 기록하면서 결의를 다시 확인하는 것이 중요하다.

앞서 언급했던 것처럼 나는 북아일랜드 분쟁이 한창일 때 어린 시절을 보냈다. 개신교와 가톨릭교의 오랜 갈등이 심각한 폭력으로 번졌던 시기로, 그 당시에만 약 3,000명의 무고한 시민들이 목숨을 잃었다. 그때 당시 다수의 사람들은 어느 편이든 폭력과 갈등이 계속되는 것을 원하지 않았다. 그러나 정치인과 테러리스트 집단이 평화에 대한 책임 의식은 잊은 채 서로를 탓하기에만 열중하는 바람에 분열과 분쟁은 점점 더 심해져만 갔다. 1994년이 되어서야 아일랜드 공화국군이 영국에 휴전 선언을 했고, 1998년에 이르러서야 양측이 대화를 통해 서로 탓하기를 멈추면서 영국과 아일랜드 사이에 평화 협정인 성금요일협정Good Friday Agreement이 체결될 수 있었다.

정치권의 탓하기와 무모하고 무책임한 행동 문화가 수많은 이들의 유년기와 삶을 통째로 집어삼켰다. 그것은 평범한 사람들의 삶에 상실, 전쟁의 트라우마, 공포, 분열 등 부정적인 영향만을 남겼다. 북아일랜드 분쟁은 자명한 현실인 동시에 자신의 행동과 선택을 책임지지 않고 남 탓만 하면서 살아가는 삶에 대한 거대한 비유라고 할 수 있다.

이 장의 내용을 읽고 자신과(타인이나 세상이 아니라) 전쟁을 치르고 있음을 깨달았다면 이젠 그만 휴전을 외쳐야 할 때일지도 모른다. 탓하기를 멈추고 자신의 삶을 스스로 책임지면 평화의 길이 열리고 행복도 커진다. 자신과 평화 협정을 맺고 더 나은 미래를 만들어갈 수 있다.

7장 내 몫의 책임과 함께 진정한 내 인생을 사는 법

남 탓을 내려놓는 행복 처방전

STEP 1 받아들이는 연습을 하자

- 문제를 탓하는 것은 아무것도 해결해주지 못한다.

STEP 2 시련이 나에게 무엇을 주었는지 생각해보자

- 남을 원망하는 대신 내가 무엇을 배웠는지 생각해보자.

STEP 3 나를 더 나은 사람으로 만드는 가치를 찾자

- 훗날 자신의 묘비명을 고민해보자. 그 안에 힌트가 숨어 있다.

STEP 4 스스로 책임지는 연습을 하자

- 책임을 질 때 비로소 우리는 성장한다.

나를 지키는
내면의 목소리를 듣는 법

넓게 보지 못하고 항상 커 보이는 남의 떡만 바라보면 끝없이 불행해진다. 감사와 친절, 새로운 관점과 넓은 시야는 마음의 괴로움을 줄여주고 삶에 충실하도록 도와준다. 나와 당신, 우리가 느끼는 끝없는 비교와 욕망의 고통도 서서히 줄어들게 될 것이다.

상대적 박탈감을 선사하는 비교의 덫

한적한 오후, 나는 동네 카페에서 커피를 마시고 있었다. 옆 테이블에는 젊은 엄마 여섯 명이 앉아 대화를 나누고 있었는데 그 대화가 참 흥미로웠다. 그녀들은 각자 자식 자랑을 쏟아내기 시작했다. 옆자리에 앉았던 탓에 아주 짧은 시간이었지만 나는 그들의 자녀에 대해 아주 많은 것을 알게 되었다. 듣자 하니 제이콥은 같은 또래보다 아는 단어가 많았다. 로지는 나이에 비해 대단히 똑똑했고, 토미는 또래보다 빨리 걸었다. 어느 집 아이가 더 잘났는지 비교하는 엄마들 사이의 기싸움이 벌어지고 있었다.

이렇게 사람들은 자신의 삶을 타인과 비교하는 덫에 쉽게 빠진다. 비교는 더 많이 가지면 행복해질 수 있다는 헛된 기대를 심어주며 우리를 항상 '부족한' 상태로 만든다. 가진 것보다 가지지 못한 것이 더 크게 보이기 때문이다.

우리의 일상은 지극히 평범한 나날의 연속이다. 따라서 특별하고 신나는 일에서만 행복을 얻으려고 하거나, 가진 것을 받아들이고 만족할 수 없다면 행복해지기 어렵다. 나는 반려견을 쓰다듬거나 파트너와 강변 산책로를 걸을 때, 밤에 난롯가에 앉아 있거나 동네에서 차를 마실 때 삶이 무척 만족스럽다고 느낀다. 우리 집이 누군가의 집보다 크고, 내 파트너가 남들보다 뛰어나고, 나의 반려견이 다른 개들보다 똑똑하다는 것을 비교하지 않아도 그 자체로 행복을 느낀다.

비교는 만족을 모른다

남들과 비교하면서 더 많은 것을 바라고 있진 않은지 생각해봐야 한다. 가끔 이런 생각이 당신을 괴롭힐 수도 있다.

- 난 남들만큼 행복하지 않아.
- 이 나이쯤 됐으면 더 많은 걸 이루었어야 했는데.
- 나는 남들보다 재미없게 사는 것 같아.
- 돈은 부족하고 집은 너무 작아.
- 난 TV에 나오는 사람들처럼 운이 좋지 않아.

- 내 '진짜' 삶은 다른 사람들과 비교하면 너무 '후져서' 소셜 미디어에 올릴 수도, 사람들에게 보여줄 수도 없어.
- 내 외모와 몸매는 잡지 모델들과 너무 차이가 나.

또 타인과 비교할 때마다 마음속의 목소리가 이렇게 말하고 있을 것이다. 조금 더 나아지면 더 행복할 수 있을 거라고. 더 좋은 동네에 살면, 돈을 더 많이 벌면, 더 완벽한 사람과 연애를 한다면, 더 좋은 차가 생기고 더 좋은 집에 살면, 성공해서 다른 사람들에게 인정받으면 더 행복해질 수 있다고 말이다.

더 많은 것, 더 좋은 것을 바라는 마음은 그 끝을 모른다. 언제나 지금보다 '더 좋은 것'이 존재하기 때문이다. 솔직히 지금 말한 것들이 정말로 행복을 가져다줄 때도 있다. 예를 들어 현재 주거 환경이 열악하다면 조금 더 좋은 집에서 살고 싶은 마음이 드는 것은 당연하다. 하지만 이미 만족할 수 있을 만큼 주어졌는데도 무조건 더 크고 더 좋은 것에만 집중해서는 안 된다. 그러다 보면 바라던 것을 손에 넣어도 더 많은 것을 끊임없이 원하게 될 테니까 말이다.

야망 혹은 좋은 삶을 원하는 욕망을 비난하는 것이 아님을 분명히 밝힌다. 야망은 얼마든지 긍정적인 힘이 될 수 있다. 하지만 더 좋은 것을 바라는 마음이 균형을 잃고 절대로 만족을 모르는 상태가 되지 않도록 조심해야 한다. 그렇게 되면 '더 많이 원하는 것'은

가면일 뿐, 불만족을 느끼는 근본적인 원인이 존재한다는 뜻이다.

희망을 깨뜨리기는 싫지만 어쩔 수 없이 그래야겠다. 계속 남과 비교하면서 어떤 조건만 갖춰지면 행복해질 수 있다고 생각하면 절대로 행복해질 수 없다. 행복은 그런 식으로 얻을 수 있는 게 아니다. 삶은 그런 약속을 하지 않는다. 따라서 비교를 어떻게 다루어야 하는지가 이 장의 주제가 될 것이다.

불만족 세대의 불만족을 해결해야 한다

나를 포함한 우리 모두는 '불만족 세대'다. 우리는 남들이 전부 나보다 행복하고 무언가만 손에 넣으면 행복해질 수 있다는 착각 속에서 살아간다. 하지만 그 누구의 삶도 완벽하지 않다는 것이 진실이다. 누군가의 삶이 완벽해 보인다면 그것은 우리가 그를 잘 모르기 때문이며 어찌 보면 환상과 비교하는 것인지도 모른다. 마찬가지로 자신을 있는 그대로 받아들이고 불만족을 느끼는 근본적인 원인에서 벗어나지 않으면 그 어떤 소유와 욕망도 행복을 가져다주지 못한다.

이 책을 읽고 있는 당신은 아마 선진국에 살고 있을 것이고 어느 정도의 돈과 건강관리, 위생, 비교적 높은 생활수준을 누리고 있을 것이다. 가진 것에 만족하지 못하는 당신을 탓하려는 게 아니다. 단지 기본적인 욕구를 해결할 수 있는 환경에서 살고 있음에도 그 사실을 자주 잊어버리는 사람이 많다는 걸 일깨워주고 싶을 뿐이다. 기본적인 사실에 감사하지 못하면 더 큰 것에도 감사하기 어렵다.

선진국 사회에서 많은 사람이 심한 스트레스에 시달리고 삶에 불행과 불만족을 느낀다는 뉴스나 연구 결과는 놀랍지 않다. 그런데 도대체 그 이유는 무엇일까? 역사적으로 이렇게 고도로 발달하고 부유하며 교양 있는 사회는 없었는데 왜 우리는 정신적, 심리적으로 더 힘들어하는 것일까? 가진 것이 많을수록 그에 비례해 행복하기도 힘들어지는 것 같다.

우리의 삶은 비교와 잡음, 주의 분산, 성취, 물질적 소유, 인간관계로 가득하다. 과연 진정한 기쁨을 느낄 여유가 있는지 생각해본 적 있는가? 채워도 채워도 모자란 기분일 것이다! 이 글을 쓰는 지금 크리스마스를 몇 주 남겨두었는데, 오늘 상점에서 더 많은 것을 원하고 가지려는 사람들을 보았다. 향수 코너의 여성 점원이 암살자처럼 은밀하게 다가와 나에게 향수를 뿌렸다. '성공한 현대 남성'의 향기라고 했다. 누가 알았을까? 그동안 성공하겠다고 버둥대며 살아온 사람들이 많은데 사실은 성공을 아니, 성공의 향기를 단돈 50파운드(약 8만 원)에 살 수 있었을 줄 말이다.

언젠가 유명 배우의 심리치료를 맡은 적이 있다. 이름은 매슈(가

명)이며 엄청난 성공을 거둔 배우다. 작품마다 주연을 맡고 평론가들에게 연기력도 인정받았으며 보통 사람들은 꿈도 꾸지 못하는 돈까지 있었다. 처음 만났을 때 매슈는 약간의 불안과 우울증을 보였다. 기분이 조금이라도 나아지고 싶어서 치료를 시작한 것이었다. 몇 주 후 두 가지 문제가 분명하게 드러났다.

- 그는 자기가 생각하기에 더 성공한 사람들과 자신을 비교했다. 그래서 지독하게 불행했다.
- 언젠가 인기가 떨어질까 봐 두려웠던 그는 잘나갈 때 최대한 많은 것을 이루고자 했다. 하지만 아무리 해도 부족했다.

그는 이론적으로 (미디어에 따르면) 행복하고 성공한 사람이었다. 하지만 실제로는 불행하고 외로웠다. 끊임없이 남과 비교하며 자신을 밀어붙이느라 삶을 제대로 즐길 수 없었고 우울과 불안증이 심해졌다. 너무 불행했다.

매슈는 시상식에서 남우주연상을 받은 이야기를 들려주었다. 수상자로 그의 이름이 불리자 축하의 기립 박수가 터졌다. 하지만 같은 날 다른 부문에서는 수상하지 못했다. 그는 그날 밤 집에서 홀로 보드카를 마셨다. 다른 부문 수상자와 비교되었기 때문이다. 행복해야 할 순간이 망쳐지고 말았다. 매슈는 나와의 작업을 통해 해로운 패턴을 끊는 법을 배우기 시작했다. 그렇게 그는 상을 받는 것에 연연해하지 않고 진정한 행복을 느낄 수 있게 되었다.

이 장의 목적은 끝없는 비교와 욕심이 가져오는 결과를 깨닫게 해주는 것이다. 우리는 비교하는 함정에 빠져 자신도 모르는 사이 행복해질 기회를 스스로 망치고 있는지도 모른다.

왜 비교하고 더 많이 원하는가?

해로운 결정과 행동, 생각을 부채질하는 근본적인 심리 상태가 있다. 특히 다음의 네 가지 상태가 계속되면 자꾸만 남과 비교하고 더 많은 것을 원하게 된다.

- 불만
- 욕망
- 자기 의심
- 자기 훼방

이어서 자세히 살펴보겠지만 애초에 왜 저런 상태에 빠지게 되는지 먼저 알아보자.

간단히 말하자면 소셜 미디어와 TV, 광고가 발달한 현대 사회는 우리가 무엇을 가지지 못했고 무엇을 원해야 하는지 계속해서 상기시켜준다. 매일 '표준'을 말해주는 이미지가 쏟아진다. 어떻게 보여야 하고 행동하고 생각하고 존재해야 하는지. 안타깝게도 미디어에서 묘사되는 표준은 매우 극단적이며 비현실적인 완벽함을 지향한다. 머리로는 그 사실을 알면서도 우리는 자주 그것을 원하게 된다.

데이비드 베컴David Beckham의 소셜 미디어를 보면서 똑같은 머리를 하려 하고, 그의 삶을 부러워한다. 하지만 그의 삶을 따라 한다고 해서 내 삶이 앞으로 나아갈 수 있을까? 당연히 아니다. 오히려 내 통장 잔액과 몸매, 생활 방식이 그와 비교되어 불행해질 뿐이다. 문자와 이미지, 영상 콘텐츠는 그런 것들이 누구에게나 가능한 삶이라고 믿게 만드는 메시지를 대중들에게 미묘하게 전한다. 하지만 이는 거짓말이다. 그 정도의 성공은 지극히 소수에게만 가능하며 그것을 이루지 못했다고 해서 나머지 사람들이 재능이나 노력이 부족하다는 뜻도 아니다. 하지만 안타깝게도 우리는 재산이나 몸매, 화려한 생활방식이 곧 행복을 의미한다고 철석같이 믿게 되었다.

소셜 미디어 같은 매체는 불만족이나 자기 의심을 일으키는 근본적인 원인은 아닐지라도 비교를 통해 부정적인 감정을 커지게 하는 주요 원인이 되는 것은 분명하다.

지나치거나, 미치지 못하거나

삶이 만족스럽지 않게 느껴졌던 때를 한번 떠올려보자. 지루해서, 성취감이 느껴지지 않아서, 혹은 인정받지 못해서일 수 있다. 본능적으로 회피하고 싶은 마음이 드는 좋지 못한 감정이다.

그러면 자연히 남과 자신을 비교하게 된다. 불만 상태에서 잡지나 소셜 미디어를 볼 수도 있을 것이다. 처음에는 호기심이었을지 몰라도 곧바로 비교하는 함정에 빠진다. 영감을 얻거나 시간을 때우기 위해서라고 합리화하겠지만 결국 자신과 남들의 삶을 비교하게 된다. 결과적으로 불만이 더욱 커지고 행복도 멀어진다.

더 많은 것을 원하면 불만족을 해소하려고 매우 큰 돈을 쓰게 되기도 한다. 그 물건만 사면 문제가 해결될 수 있다고 스스로 합리화한다. 하지만 결국 아무런 효과도 없고 불만만 더 커질 뿐이다.

욕망은 정상적인 감정이다. 통제가 어려울 정도만 아니라면 유익하기도 하다. 대상이 무엇이든 간에 욕망은 극심한 굶주림처럼 느껴질 수도 있다. 굶주림을 채우려는 것은 인간의 본능이다. 하지만 문제는 현대인이 무엇이든 무조건 더 많이 원하게 되었다는 것이다.

첨단 기기와 앱, 게임, 소셜 미디어는 상호작용을 통해 느끼는 '흥분감'에 중독되도록 설계된다. 우리는 지루함과 불안, 불편을 느끼지 않으려고 끊임없는 자극을 원하고, 절대로 만족하지 못한 채 계속 무언가를 원하게 된다.

이처럼 남의 것을 원하는 것은 자연스러운 일이다. 그러면 우리의 깊은 잠재의식이, 타인은 욕구를 어떻게 충족하는지 알아내려는 원시적 모드에 불을 켠다. 본능적인 호기심에서 자신이 가진 것을 남과 비교하고 욕망이 충족되지 않으면 실망한다. 이런 생각 과정은 '왜 내 삶은 저 사람보다 못하지?'라는 의문으로 나타날 수 있다. 누군가를 부러워한다는 것은 충족되지 않은 욕망에 굶주려 있다는 뜻이기도 하다.

욕망이 절대로 채워지지 않고 끊임없이 더 많은 것을 원하게 되는 이유는 명백하다. 자신이 욕망하는 것을 더 많이 원하기 때문이다. 어떤 사람은 섹스를, 또 어떤 사람은 돈이나 지위를 원할 것이다. 쾌락을 주는 무언가에 대한 과도한 굶주림이 문제다. 욕망을 균형 있게 관리하지 못하면 해로운 영향력이 매우 강해질 수 있다.

자기 의심과 훼방

자기 의심은 이 책에서 처음 언급하는 내용은 아니지만 비교와 채워지지 않는 욕망과 연결 지어 이해하는 것이 중요하다. 어떤 식으로든 자신을 의심하면 (보통은 자신에게 가혹해진다) 의심을 정당화해주는 근거를 찾으려고 한다. 스스로 부족한 사람이라거나 무언가를 할 수 없다고 생각한다고 해보자. 그 근거를 찾는 가장 쉬운 방법은 성공한 사람과 자신을 비교하는 것이다. 그러면 자신이 부족한 존재라는 왜곡된 믿음이 강해진다. 이처럼 비교는 자기 의심을 뒷받침해 자신을 불행하게 만든다. 그야말로 스스로 자신의 급소에 한 방을 날리는 셈이다!

자기 의심으로 가득한 사람일수록 주의를 딴 데로 돌려주거나 보상해줄 무언가를 적극적으로 찾아나설 것이다. 심리학 용어로는 보상성 회피compensatory avoidance라고 하는데, 대부분의 사람이 이런 회피에 능숙하다.

또 자기 훼방은 남과 비교하거나 더 많은 것을 원함으로써 스스로를 방해하고 망치려는 행동을 의미한다. 너무 극단적으로 느껴질 수도 있지만 사실이다. 비교에는 자기 혐오나 자기 비난을 굳어지게 하는 아주 강력한 힘이 있다. 마음속의 목소리가 무엇이든 스스로 부족하다고 생각되는 것을 타인과 비교하도록 부추긴다. 그래서 자신의 성취나 자질, 상황을 타인의 성공이나 외모, 지위 등과 비교한다. 아주 잠깐이라도 소셜 미디어를 사용하고 나면 우울감을 느끼는 사람이 많다는 사실은 이미 연구 결과로도 입증되었다. 더 많이 원하는 것도 마찬가지다. 음식, 술, 섹스, 마약, 돈, 인정 등을 더 많이 얻으려고 할수록 해로운 자기 훼방 행동에 가까워질 수밖에 없다.

비교와 끝없는 욕망을 멈추는 법

언젠가 한 내담자가 나에게 좀 쉽고 편한 치료법은 없느냐고 물었다. 나는 그런 '마법의 치료법'이 있다고 대답해주었다. 단, 아무리 시간이 흘러도 현실에서 효과가 나타나지는 않는다고도 덧붙였다. 이렇듯 고통 없고, 노력 없는 치료법은 세상에 존재하지 않는다.

반짝반짝 빛나는 행복의 마법은 잊어버리고 비교와 끝없는 욕망을 멈추는 현실적인 방법을 알아보도록 하자. 다음의 네 가지 단계는 중요하므로 매일 연습해야 한다.

- 감사하기.
- 친절한 행동하기.
- 단순함의 기술 배우기.
- 내 안에서 만족 찾기.

감사하고, 친절하게 행동하라

너무 과학적인 이야기로 들어가고 싶지는 않지만, 가진 것에 감사하면 행복해진다는 것은 심리학과 신경학 연구에서도 증명되었다. 있어 보이는 전문 용어를 써가며 설명할 수도 있지만 간단하게 말해보자면, '감사하면 행복해진다'로 요약할 수 있다. 과학적으로 감사하는 마음은 뇌의 시상하부를 깨워 우뇌의 회백질을 개선해주는 효과가 있다. 회백질이 많을수록 감사의 태도를 실천할 가능성이 크고, 감사하는 마음으로 살아가는 사람일수록 세로토닌과 도파민(기분을 좋게 해주는 화학물질) 수치가 높다. 한마디로 감사는 긍정적인 효과와 밀접한 관련이 있다. 따라서 전반적인 웰빙이 향상되고 삶의 균형감 또한 커진다.

장담하건대, 감사는 행복의 원천이지만 우리는 자주 감사를 잊은 채 기본적으로 부정적인 부분만 보려고 한다. 남과 비교하면서 계속 더 많은 것을 원하는 자신을 발견하거든 주어진 삶에 감사해야 한다는 사실을 떠올려보자. 아니, 지금 잠시 멈추어 생각해보자. '나는 무엇에 감사하는가?' 떠오르는 답을 일기에 적어보자. 매일 하루를 이 질문으로 시작하기를 추천한다.

이렇게 하면 비교와 끝없는 욕망이 끼치는 부정적인 효과와는 정반대로 인생이 바뀔 뿐만 아니라 뇌 기능도 유익한 쪽으로 바뀔 것이다. 나는 매일 아침 피곤하고 기분이 좋지 않을 때면 감사한 것을 떠올려본다. 사랑하는 파트너와 반려견이 있고 따뜻한 물이 나오는 편안한 집이 있다는 사실이 떠올랐다. 그러자 곧바로 기분이 좋아졌고 남과 비교하거나 더 많은 것을 원하는 마음이 줄어들었다. 이미 나는 충분히 가졌다.

다음으로 얘기할 친절한 행동은 아무런 대가도 바라지 않고 타인에게 친절을 베푸는 의식적인 결정이다. 다시 말해서 자신에게 이득될 것이 하나도 없다. 아니, 있을지도 모른다. 친절의 과학은 감사의 과학과 비슷하다. 친절을 베풀면 뇌의 똑같은 영역이 활성화되어 기분 좋은 화학물질이 분비된다.

타인에게 친절을 베풀면 남과 비교하거나 더 많은 것을 원하는 행동과는 멀어진다. 자동으로 나타나는 긍정적인 효과다. 타인을 도와주는 행동이므로 만족감도 느낄 수 있다. 여러 해 전, 나는 친절의 강력한 힘을 직접 목격했다. 큰 곤경에 처한 젊은 친구들의 심리치료 작업을 맡았을 때의 일이다. 나쁜 짓을 아주 많이 한 젊은이들이라고만 말해두겠다. 그들은 노숙자 보호소에서 봉사하게 되었는데 몇 주 후 행동에 놀라운 변화가 나타났다. 봉사 활동을 하면서 평소에 느끼는 불만과 분노를 잊게 되자 자기 자신과 인생에 관한 생각에 변화가 일어났다.

그 어떤 방법이라도 좋다. 바로 오늘부터 매일 친절을 베풀어보

자. 관심이 가거나 마음 쓰이는 일이 있다면 손 내밀어 도와주자. 힘든 하루를 보내는 직장 동료에게 차 한 잔을 건넬 수도 있고, 쓸쓸해 보이는 사람에게 미소로 힘을 실어주거나 자선단체에 기부를 해볼 수도 있다. 정말로 다양한 방법이 있다. 이는 남과 비교하면서 자신이 가지지 못한 것을 생각하며 끝없는 욕망에 사로잡히는 것과는 완전히 거리가 먼 일이다. 모두가 의식적으로 매일 친절을 베풀며 살아간다면 세상이 얼마나 달라질 수 있을지 궁금하다.

단순하고 담백하게 : 미니멀리즘

죽음을 몇 주 앞둔 90대 성직자와 매우 흥미로운 대화를 나눈 적이 있다. 그는 자신에게 필요한 것은 여행 가방 하나에 전부 다 들어간다고 말하며, 그 덕분에 행복한 삶을 살 수 있었던 것 같다고 말했다. 이유를 묻자 그의 대답은 이러했다.

"요즘 사람들의 삶에는 잡동사니가 너무 많아졌지요. 적게 들고 다닐수록 내 삶의 짐도 적어집니다."

나는 이 말을 영원히 잊지 못할 것이다. 다른 사람과 비교하고 따라잡기 위해 계속 무언가를 욕망하고 사들이기 때문에 괴로워진다는 사실을 알려주기 때문이다. 삶에 잡동사니가 많을수록 잃을까 봐 두려움도 커진다. 단순함은 행복한 삶의 필수적인 요소다. 단순함은 닻처럼 우리를 붙들어준다. 소박한 기쁨에 만족하면 자꾸만 소유물을 늘리고 싶은 마음이 들지 않는다. 좀 더 단순해진 당신의 삶은 어떤 모습일까? 지금 숨 쉴 공간도 부족하고 가진 것조차 알아차릴 수 없을 만큼 잡동사니가 너무 많지는 않은가?

솔직히 말하자면 나도 남들과 비교하면서 끝없이 욕망하는, 단순함과 거리가 먼 삶을 살았던 적이 있다. 하지만 지금은 소박한 삶의 기술을 터득한 사람들이 부럽다(좋은 의미의 질투심). 소박하고 단순하게 살아가는 사람일수록 행복하기 때문이다. 단순한 삶일수록 더 행복해진다. 나는 이 진리를 실천하려고 매일 노력한다. 성취나 성공, 물질적 이득보다 단순함을 우선으로 삼는다.

보통 우리는 가진 것이 많아 보이는 복잡한 삶을 사는 사람과 자신을 비교한다. 좀 더 간소하게 사는 사람과 비교하는 경우는 드물다. 이제는 단순함을 포용하고 단순함에서 놀라운 지혜를 발견해야 할 때다.

내 안에서 만족 찾기

유명 정신의학자 카를 융Carl Jung은 겉을 보는 자는 꿈을 꾸게 되지만 안을 보는 자는 각성하게 된다고 말했다. 너무나 지혜로운 말이다. 내적 세계에 만족하면 남과 비교한다거나 자극적인 것을 더 많이 원하게 되는 일이 없다. 이 사실을 기억한다면 해결책은 분명해진다.

자기 안에서 만족과 평화, 행복을 발견하면 행복을 외적 요인에 의존할 필요가 없어진다. 어떻게 보면 필요한 것이 전부 자기 안에 있으므로 운명의 진정한 주인이 된다고 하겠다. 안에서 만족을 찾으려면 방향을 바꾸어 안을 들여다볼 용기가 있어야 한다.

익숙하지 않은 영역인 내면을 바라보는 것이 약간 두려울 수도 있다. 하지만 당신이 원하는 것은 거기 있을 가능성이 크다. 그것을 찾는다면 바깥세상이 결코 줄 수 없는 무언가를 밖에서 찾으려고 할 필요도 없어진다. '안으로 향한다'라는 개념이 모호해서 잘 이해되지 않을 수도 있으니 일상적인 보기를 곁들여 살펴보자.

약간 우울하고 길을 잃은 것만 같은 날이 있다고 해보자. 당신은 울적함을 잊으려고 다른 사람들은 어떻게 사는지 살펴볼 것이다. 무감각해지려고 술을 몇 잔 마실 수도 있다. 하지만 그렇게 해도 답은 나오지 않는다.

내가 안으로 향한다는 것은 잠시 하던 일을 멈추고 천천히 심호흡하며 내면에 무엇이 있는지 호기심 어린 눈으로 바라본다는 뜻이다. 무엇이 필요한지 자신에게 물어볼 수도 있다. 그러면 무언가를 처리할 공간을 만들려는 감정 상태로 접어든다. 자신을 잘 돌보고 있는지 살펴보거나 앞으로 나아갈 방향이나 필요한 변화에 대해 생각해보는 시간이 되기도 한다. 차이가 느껴지는가? 안으로 향하면 삶이 명료해지고, 내면의 목소리에 더욱더 귀 기울일 수 있게 된다. 이것이야말로 자신의 잠재력을 활용해 행복해지는 길이다.

욕심을 내려놓으면 비로소 보이는 것들

당연히 이 장에서 살펴본 방법들도 매일 적극적인 실천이 따라주어야만 한다. 삶의 방식을 크게 바꾸는 것이므로 꾸준히 실천하면 행동과 마음 자세뿐만 아니라 뇌의 기능까지도 바뀐다. 잊어버리지 않도록 일기에 기록하거나 스마트폰 메모장에 적어두면 좋다.

- 감사 : 오늘 감사한 것을 세 가지 떠올린다.
- 친절한 행동 : 하루에 하나씩 친절을 베푼다.
- 단순함의 기술 : 작은 것에서 기쁨을 찾는다.
- 내 안으로 향하기 : 오늘 내가 느끼는 감정이 무엇을 말하는지 짚어본다.

8장 나를 지키는 내면의 목소리를 듣는 법

오로지 당신만이 할 수 있는 일이다. 반드시 실행해보기를 권한다. 눈에 띄게 긍정적인 변화가 나타날 것이다.

마지막으로 기억에 남는 이야기를 하나 전하고 싶다. 아일랜드 출신의 가수이자 사회운동가인 밥 겔도프^{Bob Geldof}가 1989년에 에티오피아의 기아 문제를 돕기 위해 기획한 자선공연 라이브 에이드^{Live Aid}에 관한 이야기다. 전 세계 150개 국가에서 19억 명이 이 공연을 시청했다. 세계 인구의 40퍼센트가 본 셈이다. 대외 정책에 인도주의적이고 긍정적인 영향을 끼쳤고 세계 기아 문제에 대한 기존의 접근법에도 도전장을 던진 사례였다.

그때 10대였던 나는 도움이 필요한 사람들을 위해 전 세계가 하나 되는 모습을 경외심을 품고 지켜보았다. 그 순간에 이루어진 비교는 오직 절실하게 도움이 필요한 사람들만을 향했고 자신이 아닌 타인을 도울 방법을 찾기 위함이었다. 라이브 에이드는 사람들에게 가진 것에 감사할 수 있는 시간을 마련해주었다. 그리고 친절로 이끌었다. 굶주림으로 죽어가는 사람들을 보며 소박한 삶에 감사함을 품게 해주었다. 안을 들여다보며 자신에게 가장 중요한 가치가 무엇인지도 생각해보게 해주었다. 라이브 에이드는 당시 그렇게 평온하지 못했던 내 삶마저도 얼마나 복 받았는가를 깨우쳐주었으며, 삶의 시야를 넓혀주었다.

넓게 보지 못하고 항상 커 보이는 남의 떡만 바라보면 끝없이 불행해진다. 감사와 친절, 새로운 관점과 넓은 시야는 마음의 괴로움을 줄여주고 삶에 충실하도록 도와준다. 나와 당신, 우리가 느끼는 끝없는 비교와 욕망의 고통도 서서히 줄어들게 될 것이다.

비교를 내려놓는 행복 처방전

STEP 1 감사하고 친절하자

- 매일 밤 '나는 무엇에 감사하는가?'라는 질문에 떠오르

는 답을 일기에 적어보자.

STEP 2 삶의 미니멀리즘을 실천하자

- 우리의 삶은 단순할수록 행복해진다. 소박함에 만족할

수 있는 연습을 하자.

STEP 3 내 안에서 만족하는 법을 찾자

- 우리는 스스로 만족하고 행복할 때 더 이상 외부에 의

존해 행복을 찾으려 하지 않는다.

9장

나만의 인생
시나리오를 적는 법

지금이야말로 삶의 시나리오를 다시 써야 할
때다. 드라마는 행복을 가져다주지 않는다. 오
히려 내 주의를 분산시키고 행복함은커녕 괴
로움만 주는 때가 더 많다. 내 삶의 주인은 언
제나 나다. 자신 앞에 주어진 시나리오를 더
행복하게 편집할 수 있는 힘은 당신에게 있다.

막장 드라마는 드라마로만 남겨두자

셰익스피어는 '세상은 무대이고 우리 모두는 배우'라고 말했다. 우리는 매일 연극에서 맡은 배역을 연기하며 살아간다. 어떤 때는 무대의 맨 중앙에 서고 또 어떤 때는 가장자리에 선다. 그리고 누구나 더 많은 주목과 관심을 받는 주인공이 되고 싶어 한다.

현실에서도 마찬가지다. 드라마, 즉 우리의 인생에서 극적 요소는 단조로운 일상에서 벗어나게 해주는 강렬함과 열정이 들어 있기에 중독성 강한 삶의 방식으로 자리 잡았다. 그래서 우리는 각자의 인생 무대에서 드라마를 찾거나 만들어내고자 무의식적인 행동을 일삼는다. 스스로 알아차리지 못할 수도 있다. 문제는 그것이 행복에 부정적인 영향을 끼친다는 점이다. 극적 요소가 강한 삶은 심한 스트레스를 일으키고 행복과 평온함도 가져다주지 못한다.

지금까지 우리는 과거, 해로운 생각(잡념), 후회, 걱정, 타인과의 관계, 해로운 습관, 탓하는 습관, 그리고 비교라는 장애물을 내려놓고 더욱 행복해지는 법에 대해 알아보았다. 방금 말한 과하게 드라마틱한 행동에서 벗어나는 문제를 다룰 때에는 지금까지 살펴본 모든 내용을 전부 살펴볼 필요가 있다. 왜냐하면 이 문제 행동이 해결되지 않는다면 지금까지 살펴본 행복 방해 요소들 가운데 무언가가 기존의 패턴으로 돌아갈 수 있기 때문이다. 극적인 행동 중독은 다른 문제들에 기름을 붓는 격이므로 절대로 그냥 두어서는 안 된다.

배우들은 연극의 핵심이 이 '갈등'이라고 말한다. 개인적으로 TV 프로듀서들을 몇 명 아는데, 강렬한 극적 요소가 있어야 최고의 프로그램이 된다고 했다. 그만큼 사람들은 갈등과 대립, 불륜, 사기 등 손에 땀을 쥐게 하는 이야기를 좋아한다. 드라마에 나오는 등장인물들은 절대로 조용하거나 '평범한' 삶을 살지 않는다. 사건과 갈등이 가득한 드라마가 시청자들에게 인기를 끈다. 역기능은 넘쳐나지만 행복은 드물다는 사실을 기억할 필요가 있다.

인생이 연극이라는 착각

크리스마스에 앞서 가족과 친구들은 눈에 불을 켜고 자정까지 치열하게 쇼핑을 한다. 이때 쇼핑은 대단히 중요한 일이기 때문이다. 만약 칠면조를 굽는 데 필요한 거위 지방이 동나서 구하지 못하면 크리스마스를 망친다. 〈겨울왕국Frozen〉 주인공 엘사 인형이 매진되어 난리가 나는 것도 직접 목격했다! 크리스마스 캐럴 준비, 쿠키 굽기, 반경 3마일(약 5킬로미터) 안에 사는 모든 이웃에게 빠짐없이(10년 동안 보지 못했거나 이미 세상을 떠났어도) 크리스마스 카드 보내기 같은 일도 바쁘게 진행된다.

준비를 마쳤다면 이젠 가족과 관련된 일이 남았다. 크리스마스 파티를 누가 주도하지? 아직 참가 여부를 밝히지 않은 사람은 누구지? 올해 사이가 나빠진 가족들은 누구더라? 시끄러워지는 일을 피하려면 같은 날에 초대하지 말아야 하는 사람들은 누구지? 하루 동안 이 모든 드라마가 펼쳐지게 된다. 그러고는 피로와 스트레스, 갈등, 눈물, '이 짓을 또 하나 봐라!'라는 연례행사 같은 한탄이 이어진다. 물론 내년이면 언제 그랬냐는 듯 생각이 바뀌어 이 일을 또 반복하겠지만 말이다.

다음 크리스마스 전까지는 밸런타인데이, 부활절, 결혼식, 장례식, 여름휴가 등의 연례행사가 있다. 물론 일상생활에서도 그럴 수 있지만 특히 이런 특별한 행사는 떠들썩한 드라마를 몰고 온다.

이처럼 극적 행동에 중독되는 것은 정말로 흥미진진한 현상이다. 그것을 처음부터 문제로 인식하고 있는 사람은 한번도 보지 못했다. 이 문제는 항상 인생과 사람, 사건, 상황과 관련 있으므로 꼭 다루어야만 한다. 이런 극적 행동에 반대하는 사람에게는 이것을 지켜보거나 듣는 것조차 재앙처럼 느껴질 수도 있다.

바쁘고 치열한 삶을 사는 나에게 취하다

얼마 전 모임에서 만난 사람이 스트레스도 너무 많고 압박감이 심하다고 말했다(나도 처음에는 당연히 그런 줄 알았다). 그는 평일에 열두 시간씩 일한다고 했다. 새벽 다섯 시에 일어나 운동하는 것으로 하루가 시작되고, 해마다 네 번 떠나는 휴가 여행과 자녀들의 사립학교 등록금 때문에 압박감이 심하다고도 했다. 그런데 조금 이상했다. 그는 바쁘고 치열한 삶이 마치 자랑거리라도 되는 듯이 말했다. 그런 삶의 방식에서 나오는 강력한 극적인 행동에 지나친 일체감을 느끼고 있었다. 분명히 스트레스와 스트레스가 주는 부정적인 영향에 대해 말하고 있었는데 어조는 내용과 전혀 딴판이었다. 나는 그에게 호기심이 생겼다.

최대한 좋은 마음에서 조언을 해주기로 했다. 그가 느끼는 극심한 스트레스에 공감해준 뒤 업무나 여행 횟수를 줄이거나 사립학교 말고 다른 대안을 찾아볼 생각은 해본 적 없는지 물었다. 합리적인 조언이라고 생각했는데 그렇지 않은 모양이었다. 그는 즉각 방어적인 태도로 돌변하더니 자신이 굉장히 바쁜 데다 (심한 스트레스에도 불구하고) 정신적으로 강인하기 때문에 조언은 필요 없다고 딱 잘라 말했다. 그러고는 많은 사람이 '야망이 큰 사람'을 이해하지 못한다면서 힘들지만 자신의 삶에 매우 만족한다고 했다.

내 예감이 적중했다. 그는 해결책에 관심이 없었다. 그는 바쁜 삶이라는 극적인 행동에 중독되었고 그것의 해로운 영향은 알아차리지 못하고 있었다. 정곡을 찌르는 내 말을 새겨들을 준비 역시 전혀 되어 있지 않았다.

지나치게 극적인 행동에 중독되었다는 말을 들으면 누구나 불편해한다. 당신을 판단하거나 야단치려는 것이 아니다. 사방이 꽉 막혀서 행복으로 나아가지 못하는 당신을 그런 현실에서 벗어나도록 도와주려는 것뿐이다. 현실에서 지나치게 극적인 행동에 몰입하는 것은 행복을 가로막는 장애물이 된다. 그 사실을 모르면 고칠 수도 없다.

나는 내 인생의 드라마에 중독되었나?

극적인 요소에 중독되었는지 잘 모르겠다거나 혹시 궁금하다면 지극히 정상적인 반응이다. 호기심은 문제 해결의 긍정적인 첫걸음이 된다. 물론 극적인 행동의 특징을 모조리 알려주는 완벽한 리스트는 없다. 물론 다른 문제들과도 연관 있지만 나의 관심은 극적인 행동이 어떻게 지속적인 요인으로 자리 잡는가에 있다. 나는 심리치료사로 일하면서 '이미 습관이 되었지만 확실히 고칠 수 있는 극적 요소'들을 자주 본다. 공감되는 부분도 있고 그렇지 않은 부분도 있을 것이다. 다음에 소개되는 요소가 자신의 행복과 웰빙을 방해하고 있는 것은 아닌지 생각해보자.

- 주변 사람들의 조언과 도움에도 반복적으로 '나쁜' 관계를 선택한다.
- 정신없이 바쁜 생활을 사람들에게 자랑하듯 이야기한다.
- 타인과 갈등을 일으키거나 일부러 언쟁을 부르는 행동을 한다.
- 오로지 자신의 '불행'에만 관심이 있으며 끊임없이 타인에게 호소한다.
- 친척을 집이 아닌 병원 응급실로만 문병하러 간다던가 긴박한 상황에만 관심을 보인다. 평소 가깝지 않거나 오랫동안 만나지 못한 사람의 장례식에도 간다.
- 힘들거나 슬픈 과거에 집착하며 주변 사람들에게 계속 이야기한다.

- 어떤 사건이 자신에게 끼치는 영향을 과장하는 경향이 있다(별로 관련 없는 일일 때도).
- 사람들의 관심이나 좋아요, 댓글을 노리고 소셜 미디어에 '중요한 사건'을 과도하게 노출한다.
- '끔찍하다, 최악이다, 나쁘다, 재앙, 엄청난 불행'과 같은 과장된 단어를 사용한다.
- 갈등이나 시련으로 이어질 것을 뻔히 알면서 행동으로 옮긴다.
- 주변 사람들의 진심 어린 도움이나 조언을 거부한다.
- 자신이나 타인의 불행을 반긴다.
- 심한 뒷담화로 갈등이나 분열을 일으킨다.

위의 항목들은 받아들이기가 힘들거나 매우 불편한 마음이 들 수도 있다. 그렇다면 그 감정 반응에 가만히 귀 기울여보자. 행복의 장애물을 제거하는 정말로 중요한 단서는 거기 있을 수도 있다. 그러니 절대로 이 장의 내용을 성급하게 읽지 않기를 당부한다.

일기장을 펼쳐놓고 가장 불편하게 느껴진 극적인 행동이 무엇인지 적어보자. 기록은 중요하다. 눈에 보이도록 적어두면 당시 머릿속을 스쳐지나간 생각까지도 놓치지 않고 살펴볼 수 있다. 지금까지 해온 다른 작업들과 겹칠 수도 있지만 이런 극적 행동에 대한 집착이 당신을 꼼짝 못하게 가두거나 해롭게 활용되고 있는지 꼭 알아야 한다. 지금까지 살펴본 다른 문제들과 마찬가지로 극적인 요소에 집착하는 행동에는 근본적인 원인이 존재한다. 반드시 그 이유를 알아야만 그만둘 수 있다. 극적인 행동을 공통 주제에 따라 분류해서 살펴보자.

우리가 극적인 요소에 집착하는 이유

극적인 행동은 일시적인 효과는 있지만 장기적으로는 해롭다. 극적인 행동을 전부 다 포괄하는 리스트 같은 건 존재하지 않지만 내 경험상 그런 과도한 행동이 나타나는 원인에는 크게 다섯 가지가 있다.

- 회피할 수 있는 핑계가 생긴다.
- 보상 심리가 작용한다.
- 관심을 끌고 싶다.
- 나의 극적인 정체성을 만든다.
- 행동을 보고 배워서 따라한다.

이런 심리적 과정은 사람마다 제각기 다른 행동으로 나타나지

9장 나만의 인생 시나리오를 적는 법

만, 설명을 읽어보면 자신의 반응이 어디에 해당하는지 알 수 있을 것이다. 가장 강력하게 와 닿는 이유가 무엇인지 관심을 기울여 보기 바란다. 단 한 가지 확실하게 강조하고 싶은 것은 극적인 행동은 언제든 개인의 선택을 통해 충분히 그만둘 수 있다는 점이다. 어쩔 수 없었던 과거의 비극이나 불행에 개입하지 않는다는 뜻이다. 그 차이를 직접 알 수 있을 것이다.

첫째, 회피할 수 있는 핑계를 만들어주기 때문에 삶의 극적인 요소에 집착한다. 삶에 극적인 요소들이 가득하면 다른 일에는 개입하지 않아도 되는 이유가 생긴다. 즉 피하고 싶은 사람이나 상황을 피하는 완벽한 핑계거리가 되어준다는 말이다. 이런 심리는 다음과 같은 생각으로 나타난다.

- 너무 바빠서 안 돼.
- 지난번 경험이 아주 끔찍했으니까 다시 하지 않을 거야.
- 만약 잘못될 가능성이 조금이라도 있다면 나는 100퍼센트야.
- 나한테는 너무 버거워(사실 버겁지 않다).

이렇듯 극적 요소에 몰두하면 내키지 않는 일에서 손을 떼도 된다고 스스로를 허락하게 되므로, 아주 쉽게 회피 전략으로 활용된다.

둘째, 이런 극적 행동은 대부분 어딘가에서 느낀 부족함을 과도하게 보상받기 위한 심리에서 나오기도 한다. 예를 들어 잘못된 일인 줄 알면서도 계속 똑같은 상황에 부딪힌다면, 자신감이나 자존감이 부족하기 때문일 수도 있다. 극적 요소들이 이런 부족함을 보상해준다. 직접 책임지지 않아도 되고 강렬한 극적 요소가 문제를 덮어버리면 그만이기 때문이다.

셋째, 우리는 모두 관심을 끌고 싶어 한다. 인생 무대에서 박수와 관심을 가장 많이 받는 주인공이 되고 싶은 것이다. 따라서 우리는 주인공이 되기 위해 강렬한 극적 요소를 활용하기도 한다. 이때 극적 행동은 더 많은 관심과 공감, 칭찬을 제공한다. 하지만 이런 관심과 칭찬도 아주 잠깐에 불과할 뿐 장기적으로는 아무 것도 해결하지 못한다. 지속 가능한 행동도 아니거니와 근본적인 문제 해결책이 아니기 때문이다.

넷째, 자신의 정체성을 아주 강렬하고 극적인 요소와 밀접하게 연결 짓는 것이다. 예를 들면 다음과 같다.

- 이런 일은 나한테만 일어날 거야.
- 내 주변에는 꼭 문제가 생겨.
- 내 인생은 매순간 드라마야.
- 난 저주받았어. 실패작이야.

본인 정체성의 일부분을 스스로 만드는 극적인 서사에 휘말린 것처럼 굳게 믿는 것이다. 이런 행동이 계속되면 실제로 그런 역할을 해야만 한다거나 사람들이 그렇게 기대한다고 믿게 된다.

다섯째, 극적인 행동이 대물림되는 경우가 있다. 사람은 보고 자란 행동 패턴을 그대로 따라 하기도 한다. 어린 시절에 부모 등 가족에게서 심한 극적인 행동을 목격했다면 그런 행동을 정상이라고 여기게 되었을 가능성이 크다. 해로운 패턴이 당신에게도 대물림되었다면 이젠 깨뜨리는 것이 중요하다. 성인이 된 지금의 삶에 부정적 영향을 주는 대물림된 행동에서 벗어나야 한다. 극적인 행동 패턴은 가족 관계의 역학에 얽혀 있는 경우가 많다. 이제 극적인 행동 패턴에서 벗어나는 법을 알아보자.

인생 속 드라마 중독에서 벗어나는 법

서른다섯 살 은행원 션에게는 좋은 사람을 만나는 것이 어렵기만 했다. 그는 실패한 연애담을 끊임없이 쏟아냈는데, 그의 연애담 속 상대는 늘 바람을 피우거나 거짓말을 하거나 그를 조종하거나 물건을 훔쳐가거나 협박을 했다. 그의 경험담은 한 편의 흥미진진한 영화 같았다. 그 영화에서 그는 여러 여성에게 당하는 피해자

역할이었다. 션은 항상 여자들에게 당했던 경험을 털어놓으며 눈물을 흘렸다. 또 치료사가 여자라면 또 당하게 될까 봐 일부러 남성 치료사인 나를 선택했다고 했다.

그의 연애와 이별 경험을 하나씩 들으면서 찬찬히 짚어보니 모든 이야기가 실제로 있었던 일이 아님을 깨달을 수 있었다. 사실은 여자 친구가 바람을 피우는 건 아닌지 의심스러워서 그가 이별을 고했던 것이다. 그다음 확실하지도 않으면서 여자 친구가 시계를 훔쳐갔다고 한 것이었고, 여자 친구에게 협박당한 적도 없었다. 여자 친구가 '그가 정서적으로 불안정하다'는 것을 그녀의 아버지에게 말했다는 이유로 위협을 느꼈다는 것이었다. 한마디로 친밀하고 진지한 관계를 피하려고 현실을 과장한 시나리오를 쓴 것이었다.

션은 그 어떤 정신 장애의 기준에도 해당하지 않았고 자신의 '피해망상에 가까운 생각'도 분명히 인지하고 있었다. 그는 과장된 서사가 부정적으로 작용해 번번이 상대방과의 관계를 끝내왔음을 깨달았다. 실제로는 사실이 아님을 알면서도 진지한 관계를 회피하려고 부분적인 증거만 가지고 스스로 합리화시켰다. 그러면 친구들에게 많은 관심을 받아서 좋았다고 했다. 션은 과장된 시나리오가 일으키는 극단적인 감정을 즐겼다는 사실도 인정했다.

"꼭 영화 속 주인공이 된 기분이었습니다."

션은 진지한 연애를 피하는 드라마에 빠져 있었다. 상황을 좀 더 자세히 살펴보자 진짜 문제는 어머니와의 복잡한 관계에서 비롯되었음을 알 수 있었다. 션은 여성과 가까워졌다고 느낄 때마다 극적인 서사를 만들어내 도망치는 행동 패턴에 익숙해져 있었다.

나는 그에게 극적인 드라마에서 벗어날 수 있는 네 가지 방법을 제안했다. 그러고는 순서대로 따라 해볼 것을 권유했다.

- 첫째, 자신이 어떤 일에 대해 습관적으로 매우 과장된 반응을 보인다는 사실(극적인 행동)을 인정하기.
- 둘째, 자신이 개입하는 극적인 패턴에 이름을 붙이고 한 번에 하나씩 다루기.
- 셋째, 극적인 행동 패턴을 좀 더 유익한 전략으로 바꾸기.
- 넷째, 판단하지 않는 태도로 자신을 대하기.

이제부터 각 단계에 대해 자세히 알아보자.

극적인 행동의 중독에서 벗어나는 방법

먼저 '인정하기' 단계부터 알아보자. 자신이 극적인 행동에서 벗어나지 못하고 있다는 사실을 받아들인다는 것이 결코 쉬운 일은 아니다. 극적인 행동 문제가 있는 내담자들은 이 '인정하기' 단계에서 저마다 다양한 반응을 보인다. 방어적인 태도를 취하거나 미안해하거나 당황스러워하기도 한다. 충분히 이해되는 일이다. 극적인 행동은 우리가 인간으로서 삶을 헤쳐나가기 위해 활용하는 방법 중 하나이기 때문이다. 하지만 극적인 행동이 자신의 전부를 말해주지 않으며 삶을 불행하게 만드는 심각한 문제임을 깨닫는다면 변화의 좋은 스타트를 끊은 것이다.

극적인 행동으로 문제를 자초하고 있다는 사실을 인정하는 것 자체가 결코 작은 일이 아니다. 커다란 용기가 필요하다. 이 첫 단계에서는 '드라마의 덫'에 빠질 때마다 자신이 지금 극적인 행동을 취하고 있다는 사실을 깨닫고 다시금 통제권을 되찾는 것이 핵심이다. 극적인 행동 혹은 중독, 선택(뭐라고 불러도 좋다)을 인정하는 것은 전적으로 당신에게 달려 있다. 글로 적어보거나 가까운 친구에게 이야기하거나 필요하다면 심리치료사의 도움을 받아도 된다. 어느 내담자는 자신의 문제를 이렇게 분명하고 유머러스하게 인정했다.

"내 문제는 말이야, 내가 관심병 환자라는 사실을 까맣게 몰랐다는 거야."

극적인 행동을 인지했다면 이제 '이름을 붙여줄 차례'다. 이 단계는 앞서 언급한 극적인 행동의 특징과 관련 있다. 극적인 행동

9장 나만의 인생 시나리오를 적는 법

패턴의 유형을 다시 읽고(이제 좀 더 알게 되었으니) 자신이 어디에 해당하는지 확인해보자. 심리치료 분야에는 이름을 붙이면 문제 상황을 객관적으로 받아들일 수 있다는 유용한 조언이 있다. 정말로 그런 듯하다. 자신이 어떤 극적인 행동 패턴을 보이는지 최대한 구체적으로 알아보아야 한다. 그러면 그런 행동 패턴이 나타날 때마다 즉각 알아볼 수 있다.

다음으로 이 극적인 행동 패턴을 조금 더 좋은 방향으로 개선하는 노력이 필요하다. 극적인 행동 패턴은 저마다 개인적인 특징을 보이기 때문에 사람마다 다른 처방이 필요하다. 따라서 여기서는 아주 일반적인 조언을 언급하는 수준으로 마무리 짓고자 한다. 극적인 행동에 적극적으로 개입하고 중독을 적응적 행동으로 대체하려는 노력이 중요하다. 어떤 상황에든 적응 가능한 행동인지 판단하려면 그 행동이나 반응이 다음과 같은 느낌을 주는지 생각해보면 된다.

- 균형 잡힌 느낌 : 반응이나 행동이 과장되지 않은 신중하고 안정적인 느낌인가?
- 감정 조절 : 전율이나 흥분감, 강렬함을 추구하는 행동인가?
- 유익함 : 어려움이나 불필요한 시련을 가져오는 행동이나 반응인가?

• 자기 인식 : 보상이나 관심, 회피를 위한 행동이 아닌가?

마지막으로는 자신을 판단하지 않는 것이다. 이 작업을 시작할 때 꼭 기억해야 할 사실이 있다. 자신을 비난하거나 무자비하게 공격하면 그것이 또 다른 내면의 드라마를 만들어낼 수 있다. 지금 당신은 자신의 행동에 대해 돌아보려고 하는 것뿐이다. 극적인 행동 패턴에서 벗어나겠다는 것은 행복의 방해물을 제거하겠다는 뜻이다. 그저 도움되지 않는 행동에서 벗어나려고 하는 것일 뿐 당신은 잘못한 것이 하나도 없다.

연극이 끝나고 난 뒤

내가 만나본, 극적이고 과장된 반응이나 문제 행동을 안고 있는 사람들은 모두가 자주 쉽게 지친다고 말했다. 마치 연극배우들이 공연 후 무대의 흥분감이 사라지면 녹초가 되는 것처럼 말이다. 연기하는 동안에는 아드레날린과 코르티솔 같은 화학물질의 수치가 올라가 흥분 상태가 되지만, 연극이 끝난 후에는 치열한 활동 후 지친 몸과 마음이 균형을 되찾을 시간이 필요하다. 바로 보상 메커니즘이 발동하는 것이다.

극적인 행동에서 벗어난다는 것은 좀 더 균형 잡힌 생활 방식을 선택한다는 뜻이다. 과도한 흥분감이나 치열함, 갈등, 폭발적인 아드레날린 분비, 부적응 전략과 전혀 관계없는 방법으로 헤쳐 나가는 새로운 삶이다. 따라서 다음과 같은 장점이 나타난다.

- 감정 상태를 조절할 수 있다.
- (앞에서 설명한 것처럼) 화학물질 수치가 안정된다.
- 뇌의 이성적인 부분을 관장하는 전전두피질이 좀 더 효율적으로 작동해 명료한 사고가 가능해진다.
- 갈등이 줄어들며 관계가 개선된다.
- 사실에 근거한 합리적인 사고방식을 통해 삶의 자세가 긍정적으로 변화한다.
- 스트레스 반응을 일으키는 과도하게 극적인 행동이 줄어들어 몸과 마음에 긍정적인 변화가 나타난다.

극적인 행동 패턴을 없애려면 앞에서 해온 작업들과 마찬가지로 매일 적극적인 노력이 따라야 한다. 특정 행동이나 반응을 없애야 하므로 연습이 필요하다. 계속 관심을 기울이면 감정에 휘둘리지 않게 되고, 일상적인 행동을 관찰하면서 그것이 극적인 반응임을 인정하고 바꿀 수 있게 된다. 그럴 때마다 행동 패턴이 조금씩 바뀐다. 시간이 지나면 어느새 균형 잡힌 반응이 새로운 표준으로 자리 잡을 것이다.

마지막으로 한 가지 팁을 전하고자 한다. 극적인 행동 패턴을 파악하고 바꾸는 데 전념하도록 도와주는 유용한 도구가 있다. 매일 극적인 행동 패턴을 1~10으로 평가한 그래프를 만든다(10은 극적인 행동이 매우 심하다는 것을 의미한다). 어떤 사건이 극적인 행동을 일으켰는지 매일 기록해보면 빠지기 쉬운 덫이 보인다. 물론 나중에 덫을 피하기도 쉬워진다.

내 삶의 진짜 시나리오를 쓰다

엘튼 존Elton John, 프레디 머큐리Freddie Mercury, 주디 갈런드Judy Garland, 티나 터너Tina Turner 등 지금까지 수많은 세계적 스타들의 인생 이야기가 영화로 만들어졌다. 그런 영화는 모두가 엄청난 재능을 가진 사람들이 시련과 고통, 비극적인 사건을 겪어낸 이야기를 담아내고 있다.

그들의 영화는 매우 극적인 요소들이 가득하다. 고통스러운 과거를 이겨내고 스타가 된 이들의 이야기는 처음부터 끝까지 흥분과 절망, 박수갈채, 갈등, 빠른 전개, 과장된 분노로 가득하다. 그들의 삶에는 외적 갈등, 내적 갈등이 넘쳐나고 결국 어느 단계에 이르러 그것이 자신을 불행하게 만든다는 사실을 깨닫는다. 그리고 결국, 변하려고 노력하게 된다.

불행한 외부의 사건만이 드라마가 아니다. 개인이 살면서 하는 선택 역시도 드라마가 된다. 극적인 행동 패턴은 주의를 분산시키거나 부족하다고 생각하는 부분을 보상해주거나 어떤 상황에 대처하는 데 사용된다. 어떤 목적을 수행한다. 하지만 그것이 행복을 가져다주지 않는다는 사실을 우리는 스타들의 이야기를 보면서 알수 있다. 그리고 그들도 언젠가 깨닫는다.

스타들의 삶을 함부로 판단하려는 게 아니라 오히려 동경의 마음에서 하는 이야기다. 스타들의 인생 이야기는 유산과 중요한 메시지를 남긴다. 소유나 극적인 행동에 집착하는 해로운 태도, 파괴적인 삶의 방식이나 사람에게서 벗어나 행복을 찾으려면 꼭 알아야 하는 교훈이다.

지금이야말로 삶의 시나리오를 다시 써야 할 때다. 드라마는 행복을 가져다주지 않는다. 오히려 내 주의를 분산시키고 행복함은커녕 괴로움만 주는 때가 더 많다. 내 삶의 주인은 언제나 나다. 자신 앞에 주어진 시나리오를 더 행복하게 편집할 수 있는 힘은 당신에게 있다.

- 어떤 사람으로 기억되고 싶은가?

- 어떤 유산을 남기고 싶은가?

- 당신의 이야기는 얼마나 극적인가? 원하는 행복을 가져다주고 있는가?

이 질문을 절대 잊지 않기를 바란다. 우리는 모두 우리 삶의 주인공이니까.

9장

극적인 행동에서 벗어나는 행복 처방전

STEP 1 드라마의 덫에 걸렸다는 사실을 인정하자

- 스스로 극적인 행동에 집착하고 있음을 깨닫는 것이

  중요하다.

STEP 2 나의 드라마에 이름을 붙이자

- 문제 상황에 이름을 붙이는 것은 상황을 객관적으로

  받아들이는 좋은 연습이다.

STEP 3 행동 패턴을 개선하자

- 극적인 행동을 대체할 만한 행동을 찾고 평가해보자.

STEP 4 스스로를 함부로 판단하지 말자

- 자신을 함부로 평가하고 엄격하게 대할 때 우리는 또

  다른 드라마를 만들어낸다.

10장

남부럽잖게
현재를 사는 법

지금 이 순간은 다시 오지 않는 당신만의 시간이기도 하다! 현재에 충실하며 살아가고 있는가? 만약 그렇지 않다는 생각이 들면 죽음을 앞둔 사람들이 가르쳐준 미래에 대한 열 가지 교훈을 기억해주길 바란다. 이것만 지켜도 열배는 더 행복해질 수 있다고 나는 믿는다.

당신이 찾는 행복은 미래에 없다

나는 이 책을 '과거에서 벗어나는 것이 중요하다'라는 말과 함께 시작했다. 그리고 드디어 마지막 장에 다다른 지금, 그 말에 한 가지를 간절하게 더하고 싶다. 진정으로 행복해지려면 미래만 바라보면서 살아서는 안 된다는 것이다.

행복으로 가는 길 위에서 사람들의 시선은 미래에만 고정되어 있다. 끊임없이 미래를 계획하고 예측하고 희망한다. 미래에 집착하고 미래를 통제하려고 필사적으로 애쓴다. 그러는 동안 현재를 잃고 있단 사실도 모른 채로……. 아이러니하지만 행복을 위해 미래에 집착할수록 우리는 행복해질 기회를 잃는다.

당신은 '원하던 것을 갖게 되면', '꿈을 이루면', '언젠가 부자가 되면' 등 수많은 조건이 갖춰진 미래에 더 행복해질 수 있다는 생각을 얼마나 자주 하는가? 우리는 이렇게 지금 당장 원하는 답이 미래에 있기를 바라면서 끝없는 불행과 불만을 안고 현재를 살아가고 있다.

이 장을 쓰기 전에 영감도 얻을 겸 평소 좋아하는 곳으로 산책을 다녀왔다. 가보니 문 닫을 시간이 가까워 그런지 그곳에 나밖에 없었다. 그 넓은 공간을 나 혼자 차지하게 된 사실에 기뻐하면서 정처 없이 걸었다. 묘비를 보며 걷다 보니 영원한 잠에 빠진 수많은 사람에 대한 궁금증이 샘솟았다. 그렇다. 사실 나는 영감을 얻기 위해 묘지를 방문했다. 도대체 제정신인지 의심스럽고 경계심이 들지도 모르지만 다 이유가 있다.

죽음은 삶의 한 부분이다. 그렇게 생각하면 묘지를 산책할 때 슬프거나 무서운 기분이 전혀 들지 않는다. 그렇게 묘지를 거닐면서 거기에 잠든 모두가 지금의 우리처럼 매일 여러 가지 문제와 씨름하며 살았다는 사실을 떠올리자 지혜를 얻을 수 있었다. 그들이 남기고 간 묘비명을 살펴보면 한참 세상과 씨름하다 간 이들의 삶을 엿볼 수 있다는 생각이 든 것이다. 그때 어떤 묘비명이 눈에 들어왔다.

"그는 소박함에서 행복을 찾은 사람이었다."

읽자마자 알지도 못하는 고인을 향해 이유 모를 깊은 유대감과 이해심이 샘솟았다.

묘비는 그들이 살다간 현재를 기억한다

묘지를 계속 거닐다가 문득 다음과 같은 내용이 적힌 묘비명은 하나도 없다는 사실을 깨달았다. 그들이 생전에 사회적으로 얼마나 큰 성공을 거두었는지, 돈을 얼마나 많이 벌었는지, 얼마나 유명했고 또 인기가 많았는지 따위는 전혀 중요하지 않았다.

그들의 묘비를 가득 채우고 있었던 내용은 다름 아니라 아래와 같은 것들이었다.

- 사람들이 당신을 그리워할 것이라는 내용.
- 고인을 사랑한 사람들의 이름.
- 고인이 소중하게 여겼던 가치.
- 고인이 품었던 영적인 소망.
- 고인의 삶에 감사한다는 내용.
- 사람들이 고인을 언제까지나 기억할 것이라는 말.

묘비마다 평화, 사랑, 감사 같은 단어도 흔하게 볼 수 있었다. 묘지에 잠든 모든 사람에겐 각자의 이야기가 있었다. 슬퍼하는 부모를 두고 너무 일찍 떠나버린 갓난아기, 열여덟 살 생일까지 살지 못한 10대, 두 번의 세계 전쟁을 모두 겪은 100세 노인. 모두가 고난과 역경을 겪었지만 결국 그들이 사람들에게 남긴 것은 '가장 가까운 이들에게 어떤 영향을 끼쳤는가'였다. 그들이 사람들의 기억에 남긴 것은 지금 우리가 그렇게도 걱정하면서 시간을 쏟아 붓는 미래, 예측하거나 통제할 수 없는 미래가 아니었다. 언제 은퇴했는지, 자식을 어느 학교에 보냈는지, 승진을 어디까지 했는지, 얼마나 많은 돈을 벌었는지 같은 것이 아닌 사람들과 어떻게 살아갔었는지에 대한 것이었다.

나는 미래를 내려놓기 힘들어하는 사람들을 많이 본다. 불교에서는 그 무엇도 영원하지 않으며 지금 여기에서 사는 것이 행복에 이르는 길이라는 가르침을 강조한다. 사람들이 미래를 계획하고 통제하고 되도록 많은 것으로 채우려는 이유는 자신의 필멸성을 받아들이지 못해서가 아닌가 싶다. 인간은 언젠가 죽는다는 그 사실 말이다. 그렇게 사람들은 미래에 집중하고 계획을 세우면, 앞으로 일어날 일을 통제할 수 있을 거라고 믿는다. 그뿐 아니다. 목숨을 포함해 세상에 그 무엇도 영원한 것은 없다는 고통스러운 진실도 잊는다.

이렇듯 미래를 손 안에 두고 싶다는 생각에 집착하면 누구든 불행해진다. 지금 눈앞에 있는 기쁨과 경이로움을 알아차리지 못하기 때문이다.

그 누구도 미래를 확신할 수 없다

고백할 것이 있다. 나는 20대 후반에 너무도 절박한 심정으로 미래를 알아보고자 점쟁이를 찾아간 적이 있다. 당시 너무도 안 좋은 일들이 겹쳐 과연 미래는 어떻게 흘러갈지 너무 궁금했기 때문이다. 같이 간 친구가 먼저 점을 보러 들어갔다. 점괘를 듣고 나온 친구는 어리둥절한 표정이었다. 나중에 알고 보니 점쟁이가 돈 많은 남자와 결혼해(친구는 여자이고 동성애자다) 자식을 세 명 낳을 것이고(친구는 불임이다) 부모님이 패션 사업을 시작할 것이라고 했단다(친구의 부모님은 아일랜드에서 농사를 지으신다).

마찬가지로 내 점괘도 아주 흥미로웠다. 그해 안으로 고향 스코틀랜드로 돌아갈 것이고(나는 알다시피 아일랜드 출신이다) 평생 소원하던 악기를 배울 것이며(10대 때 무려 8년 동안 음악 학교에 다녔다) 내 평생의 반려자는 금발 여인이 아닌 갈색 머리의 여인이라고(따로 설명하지 않아도 되겠지?) 했다.

점쟁이는 미래에 대한 중요한 사실은 하나도 알려주지 않았다. 알려주었다고 한들 도움이 되었을까? 미리 알았어도 미래를 바꾸지 못했을 것이다. 삶에서 우리가 확신할 수 있는 것은 지극히 적다. 그것이 문제의 핵심이다.

그런 의미에서 미래를 내려놓기가 왜 힘든지 좀 더 자세히 살펴보자. 점쟁이 같은 말이 아니라 자신을 이해하고 행복으로 나아가는 데 도움이 되기를 바라는 마음으로 이야기를 이어가려고 한다.

당신이 미래를 내려놓지 못하는 네 가지 이유

미래를 완전히 내려놓고 영원히 완전한 상태에서 살 수 있다고 말한다면 바보 같은 소리가 될 것이다. 마음과 행동 패턴처럼 계속 변화하는 삶의 요소들이 존재하기 때문이다. 속세의 짐을 전부 내려놓고 살아가는 수도승들마저도 미래의 걱정거리로 번뇌하는 마당이니 말이다.

물론 성장과 발전을 위하여 어느 정도 미래의 계획은 필요하다. 만약 사람들이 미래를 전혀 기대하지 않는다면 아무 발전도 없이 정체될 게 분명하기 때문이다. 여기서 내가 말하는 내려놓아야 하는 미래는 이런 게 아니다. '통제할 수 없는 미래를 통제하려고 많은 시간을 쏟는 것', 바로 그것을 내려놓아야 한다는 뜻이다.

특히 주변 사람들이 몇 살까지 살 수 있을지, 평탄한 삶을 살 수 있을지, 자식은 생길지, 생긴다면 언제 생길지, 사랑하는 사람은 만날 수 있을지 등 자신의 의지만으로는 통제할 수 없는 것들을 고민하는 것은 전혀 도움이 되지 않는다.

강의 물살을 거슬러 헤엄치는 오리를 본 적 있는가? 만일 그런 다면 오리는 물살에 내동댕이쳐지고 혼란에 빠질 것이다. 무리와 도 떨어지고 결국 지쳐버릴 게 분명하다. 절대로 물살을 거스를 수 는 없다. 삶의 흐름도 마찬가지다. 삶의 자연스러운 흐름을 따라가 는 법을 배우면 좀 더 편안하고 매끄러운 여정이 이어진다. 앞으로 일어나는 모든 일을 통제해야 한다는 압박감도 줄어든다.

미래를 통제하려는 마음을 내려놓지 못하면 대개 힘든 감정들 이 찾아온다. 원하는 삶과 모순되는 현실에 실망하거나 좌절하고, 또 무력감에 젖어든다. 이에 삶이 나를 못살게 구는 것 같다는 생 각에 빠지게 된다.

이런 삶은 너무도 불편할 뿐만 아니라 당연히 불행하다. 미래를 통제하려고 해봐야 할 수 없다는 것을 알게 된 지금도 미래를 내려 놓는 것은 쉽지 않다. 지금쯤이면 모든 행동에는 근본적인 심리적 이유가 존재하며 그 이유를 알아내는 것이 중요하다는 사실을 배 웠을 것이다. 미래를 통제하려는 마음을 내려놓는 것이 어려운 것 도 같은 이유에서다. 내 경험상 여기에는 다음의 네 가지 메커니즘 이 작용한다.

- 실패에 대한 두려움.
- 모른다는 사실을 참을 수 없음.

- 필멸성에 대한 불안감.
- 자아 상태.

만들어낸 두려움의 위협

두려움은 인간의 가장 강력한 감정일 것이다. 이런 두려움의 감정은 위협 시스템에 의해 움직이는데(뇌의 방어기제) 일단 활성화되면 너무도 강력해서 절대로 무시할 수 없는 힘이 된다. 마찬가지로 미래의 무언가가 두려워지면 본능이 우리를 다음의 행동으로 이끈다.

- 미래에서 도망치려고 한다.
- 미래로부터 자신을 보호하려고 한다.
- 미래에 대비하려고 한다.
- 미래에 대응해 방어 태세를 갖추고자 한다.
- 그런 일이 일어나지 않도록 만들려고 한다.

위험하고 예측이 불가능한 세상이다 보니 두려운 미래를 통제하려는 것은 어찌 보면 당연한 일이다. 하지만 문제가 있다. 두려움이 이끄는 본능은 우리가 가진 에너지를 너무 많이 소모한다는 점이다. 내면의 목소리는 미래를 통제하는 것이 온당하고 두려움도 줄어들어 안전해질 수 있다고 말하겠지만 사실과 다르다. 두려움이 이끄는 반응이 유용할 때는 따로 있다. 이를테면 위험한 상황에서 도망칠 때다. 어떻게든 미래를 통제하려고 미래만 생각하며 살아간다면 에너지가 고갈되고 무력감이 느껴질 수밖에 없다. 그렇게 되면 지금 여기에 엄연히 존재하는 삶의 긍정적인 부분을 놓치게 된다. 정말 중요한 지금, 여기, 현재의 삶 말이다.

미래에 대한 걱정으로 현실을 놓치다

우리는 앞서 걱정에 대한 이야기를 할 때 불안을 '불확실한 것을 견디지 못하는 것'이라고 정의했다. 미래에 집착하는 것은 걱정과 매우 비슷하다. 앞으로 무슨 일이 생길지 몰라서 걱정하는 것이기 때문이다. 미래가 어떻게 될지 확신하지 못할 때는 계획과 예측, 걱정을 통해 통제권을 되찾을 수 있다는 착각에 빠진다. 결국 미래에 집착함으로써 알지 못한다는 불안함에 대처하는 것이다.

이 주제를 다룰 때 미래에 집착하는 내담자들은 처음에 매우 경계하는 태도를 보인다. 미래를 걱정하는 것은 안전망과 다름없다고 생각하기 때문에 미래를 내려놓는 것이 두려운 것이다. 하지만 미래에 집착하지 않는 것이 장기적으로는 더 이득이다.

몇 달 전 기차에서 나이 지긋한 아버지와 아들이 나누는 대화를 의도치 않게 엿듣게 되었다. 아버지는 70대 후반, 아들은 30대 후반 정도였다. 아들은 주택담보대출, 저축, 아이들의 대학 등록금과 결혼 자금 준비 등 아버지와 함께 삶의 여러 문제에 관해 이야기하고 있었다.

아들이 하는 이야기를 듣자 하니 무척 불안했으며, 미래에 대한 걱정과 계획에 몰두해 있었다. 아버지는 아들의 이야기를 적어도 15분 동안 유심히 듣고만 있다가 물었다.

"그래, 그래서 요즘은 어떠냐? 지금 무슨 재밌는 일은 없니?"

아들은 잠시 말이 없다가 물었다.

"무슨 말씀이세요?"

아버지가 다시 물었다.

"아이들은 학교를 잘 다니고 수지는(며느리의 이름인 듯했다) 새 직장이 마음에 든다니?"

아들은 또 잠시 가만히 있었다. 뭐라고 답해야 할지 모르는 기색이 역력했다. 너무 미래에만 열중했던 것이다. 내가 흥미롭게 대화를 엿듣고 있을 때 아버지가 문득 말했다.

"조심하거라, 아들아. 넌 지금 최고의 순간들을 놓치고 있어."

이제는 내가 물어보겠다. 당신은 지금 최고의 순간을 놓치고 있지는 않은가? 그렇다면 현재가 아닌 미래를 사는 것이 정말로 좋은 일인지 다시 생각해봐야 할 때다.

필멸성에 대한 불안감

이것은 내가 심리치료사가 되기로 결심한 계기를 마련해준 주제이기도 하다. 초기에 나는 말기 환자들과 만나는 완화치료 분야에서 일했다. 환자들이 죽음을 앞두고 있다 보니 이 분야에서는 '심리적 고통'에 관한 토론이 자주 이루어진다. 연구 결과에 따르면 심리적 고통이 클수록 신체적 증상도 악화하는데, 죽음에 대한 두려움 혹은 필멸성에 대한 불안과 관련 있다.

불교 연구자와 철학자, 실존주의 작가, 심리학자들의 연구에서는 필멸성이 정신적 고통을 일으켜 '이 모든 게 무슨 의미인가?', '내 삶의 목적은 무엇인가?' 같은 질문으로 이어진다는 사실을 보여준다. 역시나 삶과 죽음에 관한 답을 알지 못한다는 사실은 현재에 불편함을 느끼게 한다. 그래서 사람들은 불편함을 피하려고 혹은 답을 찾으려고 미래로 도피한다.

아이러니하게도 이 분야의 연구 결과는 현재를 살아가는 사람일수록 더 큰 의미와 평화를 발견한다는 사실을 알려준다.

독재자가 되려는 자아를 경계하라

누구나 자아 상태가 있다. 생각과 느낌, 행동으로 구성되는 이 상태는 개인의 성격을 이룬다. 자아 상태에는 받아들이기가 편치 않은 부분도 있을 수 있다. 예를 들어 모든 것을 통제하지 않으면 안 되는 사람이라면 특히나 불확실한 요즘 세상에서 괴로움을 느낄 수밖에 없다. 하지만 지극히 인간적인 모습이다. 언젠가 내 상사가 농담처럼 이런 말을 한 적이 있다. 모든 것을 통제하려고 드는 마음속의 독재자를 감시해야 한다고!

알고 통제하고 관리하고 주도권을 쥐고 정복하고 성공해야만 하는 욕구는 자아 상태에서 큰 부분을 차지한다. 현재가 아닌 미래를 살면 자아가 모든 것을 통제하는 영웅처럼 맨 앞에 나서려고 한다. 결국 운명과 삶의 모든 시련을 통제하려고 들 것이다. 이 사실을 알아차리는 것이 중요하다. 자아 상태가 다음과 같은 믿음을 포기하지 않으려고 할 수 있기 때문이다.

- 내가 더 잘 알아.
- 반드시 평정심을 유지해야 해.
- 다 잘될 거라는 말은 안 믿어.
- 내가 주도권을 잡아야만 해.

자아는 기본적인 의도는 좋지만 항상 다 아는 척하는 거만한 친구와 비슷하다. 모르는 것이 있을 수도 있고, 모든 것을 통제하는 것 자체가 불가능한데도 절대로 인정하려 들지 않는다.

현재에 집중하는 마음챙김

지금까지는 주로 구체적인 해결책을 제시하는 쪽에 가까웠다면 여기에서는 좀 더 단순한 방법을 쓰려고 한다. 바로 마음챙김이다. 최근 마음챙김은 필요 이상으로 복잡해진 듯하다. 하지만 내가 생각하는 마음챙김의 기본은 아주 단순하다. 지금 여기에서 삶에 충실한 방법을 배우는 것. 대상이 무엇이든 판단하지 않고 그저 있는 그대로 알아차리고 받아들이는 것이 핵심이다.

어떤 방법으로 지금, 여기에 주의를 기울일 것인가는 전적으로 당신에게 달렸다. 차를 마실 때 맛과 향에 집중하며 순간에 온전히 머무를 수도 있다. 그게 명상이고 마음챙김이다. 한 번에 한 가지에만 초점을 맞추는 것도 그중 하나다. 내 몸이 느끼는 것들에 집중하면서 걷는 방법도 있다. 하늘을 바라보거나 들숨과 날숨에 집중하면서 호흡하거나 바다의 소리에 귀 기울일 수도 있다.

한마디로 마음챙김은 정신적으로, 또 신체적으로 참여하는 삶이라고 할 수 있다. 미래가 아니라 '현재'에 집중하고 참여하는 것이다. 지금 이 순간 더 많이 경험하고 듣고 보고 느껴야 현재에 참여할 수 있다.

간단하게 느껴질지도 모르지만 바로 이 순간에는 힘이 들어 있다. 미래에 집중하느라 쓰는 에너지는 시간 낭비다. 우리에게 필요한 것은 대부분 지금, 이 순간, 바로 눈앞에 있다. 미래 (그리고 과거)에서 빠져나와 지금 이 순간을 향해 걸어가기로 선택하면 된다. 하나도 복잡하지 않다.

그런 삶은 상상한 것보다 더 큰 평화와 행복을 가져다줄 것이다. 심리치료사라서 하는 말이 아니다. 미래에 사느라 너무도 많은 시간을 낭비했던 사람으로서 나는 너무도 잘 알고 있다. 내가 찾는 그 무엇도 미래에 없었단 사실을 말이다.

지금을 행복하게 사는 법

현재를 사는 삶이 주는 긍정적인 효과가 수많은 연구로 증명되었다는 사실을 기억할 것이다. 전체적인 웰빙과 마음 상태뿐만 아니라 뇌 기능까지 개선해준다. 미래를 사는 삶의 방식을 내려놓으면 매우 긍정적인 변화가 일어난다. 내 경험상 이런 개선 효과가 있었다.

- 미래에 매달리지 않고 지금 여기에서 일어나는 일에 주의를 집중하므로 부담감이 줄어든다.
- 미래를 걱정하면 과도한 생각과 분석으로 불안감이 커진다. 따라서 미래에 집중하지 않으면 불안이 줄어든다.
- 미래에 집중하지 않으면 현재에 충실할 수 있다. 연구 결과에 따르면 기분이 좋아지는 긍정적인 효과가 일어난다.
- 뇌에 자유로운 공간이 늘어나 집중력, 창의력, 생산성, 기억력이 개선된다.
- 가진 것을 떠올리면서 감사하게 된다.
- 삶에서 일어나는 일에 대한 알아차림이 커진다. 이로운 변화를 추구할 때도 더 바람직한 선택을 할 수 있다.

오랫동안 미래를 살아왔다면 이런 변화가 낯설고 이상하게 느껴질 수도 있다. 하지만 이렇게 멋진 개선 효과를 갖고 있는 삶의 방식에 더 집중하는 것이 좋다. 일어나지도 않은 일에 대한 걱정에 몰두하지 않고 지금 여기, 현재에 충실해지려는 노력이 필요하다. 가끔은 힘들 때도 있다. 하지만 인생이 원래 그렇듯, 힘든 시간일수록 배우는 것도 많다. 지금 여기에 집중하는 데 도움이 될 만한 몇 가지 방법을 소개한다.

- 하루에 몇 번씩 지금 이 순간 나의 상태를 돌아보자. 중심을 잡는 데 도움이 된다.
- 호흡에 집중해보는 시간을 마련한다. '숨 고르는' 시간이다. 관심이 미래에서 멀어진다.
- 미래를 사는 삶을 내려놓는 연습을 한다.
- 차 마시기 같은 일상적인 순간을 음미하려고 노력한다. 주의가 지금 여기로 향하도록 노력한다.

생의 마지막 순간에 남기고 간 것들

완화치료 분야에서 일했을 때, 내가 미래를 사는 시간이 너무 많다는 것을 깨닫게 해준 사건이 있었다. 앞에서도 말했지만 죽음을 앞둔 사람들과 시간을 보내다 보면 많은 지혜를 얻게 된다. 그들에게서 배운 미래에 대한 지혜로 이 장을 마무리하려고 한다.

이 이야기는 특정한 한 사람의 이야기가 아니다. 감사하게도 내가 생애의 마지막 순간을 함께할 수 있었던 수많은 사람의 목소리가 담겨 있다. 슬프지만 흥미로운 사실 하나는 죽음을 앞둔 사람들은 빙빙 돌리지 않고 핵심을 찌르는 경향이 있다는 것이다. 그들이 생의 마지막 순간에 남기고 간 것들을 지켜봐주길 바란다.

몰리가 딱 그런 사람이었다. 빙빙 돌리지 않고 핵심을 찌르는 그런 사람. 그녀는 시한부 선고를 받자마자 남편과 가족들에게 달랑 쪽지 한 장을 남겨두고는 홀로 호화 유람선 여행을 떠났다. 그 쪽지에는 이렇게 적혀 있었다.

"난 혼자만의 시간이 필요해. 냉장고에 우유 있으니까 먹어!"

그렇게 떠난 그녀는 유람선 선장이 주최한 파티에서 샴페인 잔을 들고 찍은 사진을 보내주었다. 그 사진에는 이렇게 적혀 있었다.

'지금은 나만의 시간.'

모험에서 돌아온 그녀를 모두가 웃음으로 맞이했다. 그녀는 살면서 처음으로 자기 자신을 가장 먼저 생각했고 현재 가장 살고 싶은 삶을 살 수 있도록 스스로를 허락했다. 죽음을 앞두고서야 비로소 미래를 살지 않기로 한 것이다.

당신도 마찬가지다. 지금 이 순간은 다시 오지 않는 당신만의 시간이기도 하다! 자신에게 물어보자. 현재에 충실하며 살아가고 있는가? 만약 그렇지 않다는 생각이 들면 죽음을 앞둔 사람들이 가르쳐준 미래에 대한 열 가지 교훈을 기억해주길 바란다. 이것만 지켜도 열 배는 더 행복해질 수 있다고 나는 믿는다.

● 하나, 당신에게 확실한 것은 지금 이 순간뿐이다. 미래를 걱정하는 데 너무 많은 시간을 낭비하지 마라.

- 둘, 일상에서 기쁨을 찾아라.

- 셋, 주변 사람들과 보내는 시간은 소중하다. 함께 시간을 보내라.

- 넷, 인생사는 대부분 저절로 이루어지게 되어 있다.

- 다섯, 미래를 걱정하면 지금 가진 것을 즐길 수 없다.

- 여섯, 지금 열정을 따라가라. 내일까지 기다리지 말고.

- 일곱, 필요한 것은 전부 내 안에 있다.

- 여덟, 모든 순간을 의미 있게 보내라.

- 아홉, 삶이 주는 모든 것에 감사하라.

- 열, 지금은 나만의 시간임을 잊지 마라.

물론 항상 차고 넘치는 행복을 느낄 수는 없다. 인생은 현실이지 동화가 아니니까. 하지만 이렇게만 한다면 지금보다 충분히 행복해질 수 있다고 나는 진심으로 믿는다. 그 행복에 다가가게 해주는 변화를 이룰 수 있는 멋진 기회가 지금 여기 있다. 당신의 행복 여정을 함께하게 해주어 영광이다. 그 길을 걸어갈 당신을 내내 응원하겠다.

미래를 내려놓는 행복 처방전

STEP 1   지금 여기에 집중하는 연습을 하자

　　　- 내가 발을 붙이고 있는 지금 나의 삶에 충실하겠다는

　　　다짐을 하자.

STEP 2   하루 10분 나만을 위한 시간을 갖자

　　　- 온전히 나에게만 집중할 수 있는 시간을 갖자.

STEP 3   한 가지에 초점을 맞추는 연습을 하자

　　　- 10분 동안 딱 한 가지만 생각해보자.

당신의 오늘은 어제보다 행복할 수 있다

이 책을 쓰고 있던 어느 날 아버지와 전화 통화를 했다. 몸이 좋지 않아 감기약도 먹었고 여러모로 심하게 짜증이 난 날이었다. 그래서 최근에 누가 죽었다더라, 누구는 아프다더라 하며 동네 사람들의 뒷말을 전하는 아버지의 이야기가 달갑지 않았다. 피곤해서 그런 우울한 이야기는 듣고 싶지 않다고 했다. 그랬더니 아버지가 놀리듯 말했다.

"행복에 관한 책을 쓰는 작가라더니 아닌가 보구먼!"

순간 짜증이 났다. 그렇게 짜증나는 상태로 행복에 관한 책을 쓰는 게 과연 옳은지도 의심스러웠다. 그 일이 계속 신경 쓰여서 심리치료사에게 털어놓았다(직업 규정상 의무적으로 심리치료를 받아야 한다). 치료사는 도리어 어리둥절한 표정으로 주위에 항상 행복하기만 한 사람이 있느냐고 물었다. 물론 그런 사람은 없었다. "그 책은 아주 인간적인 치료사가 쓴 행복서군요?"라며 치료사가 웃음을 터뜨렸다. 그의 말이 맞았다. 나는 인간이 어떠한지 잘 안다. 행복에는 노력이 필요하다는 것도.

거짓말하지 않겠다. 삶이 이상적이기만 하다면 나는 이 책을 쓰는 내내 행복하고 평화롭기만 했어야 한다. 하지만 현실은 그렇지 않았다. 원고를 쓰려고 코츠월드Cotswolds의 아름다운 시골집에서 일주일 간 머무르기도 했다. 난롯가에 앉아 지극히 만족스러운 상태에서 마구 떠오르는 영감을 주체하지 못하며 글을 써 내려가는 '행복한 작가'의 모습을 꿈꾸었다.

그런데 현실은 영 딴판이었다. 그 일주일 동안 자동차가 두 번이나 고장 났고 반려견이 아팠으며 하루도 빠짐없이 비가 내렸다. 문이 잠겨서 안에 들어가지 못하는 바람에 자물쇠를 두 번이나 부쉈고, 화가 머리끝까지 나고 짜증이 솟구쳤다. 하지만 무너지지 않고 내가 내담자들에게 가르쳐주는 방법을 그대로 쓰며 내면의 안정을 찾고 상황을 바로잡았다. 시련으로 가득한 한 주를 기쁘고 생산적인 한 주로 바꿨다.

우리는 지금까지 아무도 모르게 우리의 일상이 되어 행복을 방해하고 있던 열 가지 생각들과 이를 내려놓는 방법을 알아봤다. 유독 자신에게 엄격했던 당신에게 이 과정이 쉽지만은 않았을 것이다. 이 책을 쓰는 동안 나도 어떤 식으로든 그 장애물을 직접 헤쳐

나가야 했다. 예를 들어 자기 의심의 순간에는 자신감을 떨어뜨리는 과거의 일을 내려놓으려고 애썼다. 최근에 숙모가 갑자기 돌아가셨을 때는 미리 찾아뵙지 못한 것에 대한 후회를 이겨내야만 했고, 글이 막힐 때마다 원고를 제때 끝내지 못 하는 불상사를 상상하는 마음을 다스렸다. 행복을 주제로 책을 썼지만, 쓰는 동안 행복한 일만 있었던 건 아니었다. 삶은 언제나처럼 예측 불가능하고, 불확실한 사건들을 던져주었고, 이로 인한 온갖 감정들이 나를 괴롭혔다. 그럼에도 나는 내 자신을 잃지 않을 수 있도록 노력했고, 마침내 행복을 지켜낼 수 있었다.

당신도 할 수 있다. 과거에 한 말이나 행동 때문에 괴롭다면 1장을 다시 읽어보기 바란다. 불확실한 미래에 집착하고 있다면 10장을 읽어보면 된다. 마음을 다스리고 자꾸만 솟아나는 걱정을 잠재우기가 쉽지 않겠지만 2장과 4장에서 안도감과 해결책을 얻을 수 있을 것이다. 뒷말과 언쟁, 참견, 극적인 행동이 행복을 막고 있다면 5장과 9장을 다시 읽어보자. 6장에서 다루는 내용에 해당한다고 생각된다면 6장을 읽어보면 된다.

모든 책이 그러하듯 유독 내 이야기처럼 느껴지는 부분이 있다면 언제든 다시 펼쳐 읽기를 바란다. 읽으면서 가슴이 철렁했거나, 자신의 머릿속을 옮겨놓은 것처럼 느껴졌다면 그 부분이 당신에게 가장 필요한 이야기였다는 뜻이다.

자신에게 맞는 편안한 속도로 읽기를 바란다. 비록 마음이 불편할지도 모르지만 그래도 괜찮다. 당신은 그 기분을 없애려고 적어도 뭔가를 시작했으니 말이다. 멀리 보면 커다란 변화가 이루어질 수 있다.

약속하건대, 지금 당장 시작하면 머지않아 과거의 자신이 다른 사람처럼 느껴질 것이다. 조금 먼 길을 돌아왔지만, 도착한 곳이 어제보다 행복한 오늘이라는 사실이 당신을 반갑게 맞아줄 것이다.

'어제보다 오늘 더 행복해지는' 길을 선택하면 삶이 당신을 못 살게 굴 때조차 예전보다 훨씬 더 행복해질 수 있다. 지금이야말로 행복을 막는 것들을 내려놓고 거기서 벗어날 때다. 지금은 당신의 삶, 당신의 시간이다. 당신은 진정으로 행복해질 자격이 있다.

부디 새로운 길이 당신을 맞이하기를.

May the road rise up to meet you.

감사의 말

이 책을 위해 발 벗고 나서준 모든 사람에게 감사의 마음을 전한다. 특히 내가 두 번째 책을 쓰도록 용기를 불어넣어 준 파트너 마크에게 고맙다.

변함없이 나를 믿어주고 격려해준 가족, 친구들에게도 감사를 전한다. 가장 큰 영감의 원천이 되어준 멋진 에이전트이자 친구 비브 제임스Bev James와 그녀가 이끄는 훌륭한 팀에 큰 신세를 졌다. 너무도 사랑스럽고 유능한 팀 카버Carver PR에도 진실한 감사를 전한다. 새로운 출판 가족 HQ 출판사의 모두에게도 정말 감사하다. 리사 밀턴Lisa Milton은 첫 만남부터 이 책의 내용과 취지에 깊은 신뢰를 보여주었다. 그녀의 열정적인 태도는 나에게도 큰 활력을 불어넣었다. 마지막으로 작은 것 하나도 놓치지 않는 매의 눈에 인내심을 겸비한 편집자 레이철 케니Rachel Kenny에게 고맙다. 여기에서 미처 언급하지 못한 이들 역시 고마워하는 나의 마음을 잘 알리라고 믿는다. 이 책이 세상에 나오도록 도와주신 모든 분께 감사하다. 이 책을 읽고 인생이 달라지는 사람들이 많다면 더할 나위 없이 기쁠 것이다.

247

옮긴이 정지현

스무 살 때 남동생의 부탁으로 두툼한 신디사이저 사용설명서를 번역해준 것을 계기로 번역의 매력과 재미에 빠졌다. 대학 졸업 후 출판번역 에이전시 베네트랜스 전속 번역가로 활동 중이며 현재 미국에 거주하면서 책을 번역한다. 옮긴 책으로는 『타이탄의 도구들』, 『타인보다 민감한 사람의 사랑』, 『우리 옆집에 영국남자가 산다』, 『나는 왜 너를 사랑하는가』, 『마음챙김으로 불안과 수줍음 치유하기』, 『나를 알아가는 중입니다』 등이 있다.

자신에게 엄격한 사람들을 위한 심리책

초판 1쇄 발행 2021년 5월 31일
초판 3쇄 발행 2022년 5월 23일

지은이 오언 오케인
옮긴이 정지현

발행인 이재진 **단행본사업본부장** 신동해
책임편집 윤지윤 **교정교열** 최서윤
마케팅 최혜진 최지은 **홍보** 최새롬
디자인 urbook **제작** 정석훈

브랜드 갤리온
주소 경기도 파주시 회동길 20
문의전화 031-956-7356(편집) 031-956-7127(마케팅)

홈페이지 www.wjbooks.co.kr
페이스북 www.facebook.com/wjbook
포스트 post.naver.com/wj_booking

발행처 ㈜웅진씽크빅
출판신고 1980년 3월 29일 제406-2007-000046호
한국어판 출판권 ⓒ 웅진씽크빅, 2021

ISBN 978-89-01-25105-9 03180